CHILE

Valparaiso
Santiago
San Javier
Concepción
Angol
Los Sauces

Generaciones

Juan Daniel Brito

Textos de Rigoberto Brito Chávez y Pablo Salgado Brito

Order this book online at www.trafford.com
or email orders@trafford.com

Most Trafford titles are also available at major online book retailers.

Printed in the United States of America.

ISBN: 978-1-4907-0756-3 (sc)
ISBN: 978-1-4907-0757-0 (e)

Trafford rev. 10/11/2013

 www.trafford.com

North America & international
toll-free: 1 888 232 4444 (USA & Canada)
fax: 812 355 4082

Índice

Palabras iniciales

V ivo por casi cuatro décadas en la región noreste de los Estados Unidos, y todavía soy chileno.

Los largos inviernos de Connecticut invitan a reflexionar acerca de la extendida realidad del exilio, adquiriendo cada día conciencia de lo que fue el alejarse bruscamente de las circunstancias que rodearon mis primeras décadas de vida, en aquel entorno protector del barrio al que siempre añoro desde la distancia.

La lectura del poema épico "El Mío Cid" narrando la vida de Rodrigo Díaz de Vivar (¿1140?); evoca esa triste imagen de aquel llanto viril de un guerrero, despidiéndose de su morada después de perder el favor del rey debido a sus "enemigos malos."

Así, y desde el pasado, surge esta experiencia que se repite en todas las épocas y sociedades. Es ésta la brutal separación que aúna a millones de emigrantes, al margen de credos o ideologías.

De los sos ojos — tan fuertemente llorando,
tornava la cabeca-i estábalos catando
vio puertas abiertas-e ucos sin cañados,
alcándaras vazias-sin pielles e sin mantos
e sin falcones-e sin adtores mudados.

Los chilenos no hemos sido una excepción, y si tuvimos que dejar la patria no fue por nuestra "vocación de patiperros," o "aficionados a la aventura," cómo anuncian los comerciales de Televisión Nacional ofreciéndonos cómodas sepulturas en el Parque del Recuerdo para el día del regreso final.

Fuimos centenares de miles que viajamos al extranjero después del 11 de septiembre de 1973 debido a traumas políticos y sociales, además de la fatídica existencia de listas negras que nos impidieron trabajar en nuestras respectivas profesiones y vivir con dignidad. La Junta implementó una política del terror asesinando a quienes creían en la democracia, y persiguiendo a los que nos oponíamos a sus designios genocidas.

Fueron 17 años de abusos hacia los que se quedaron, y a los que aún vivimos en el exterior privados del derecho a voto en nuestra propia patria.

En el caso de nosotros, los hijos mayores, la necesidad de viajar se hizo imperiosa para ayudar en algo a la sobrevivencia de la familia castigada con el desempleo, y el shock económico implementado sin piedad por la dictadura de Pinochet y los Chicago's Boys.

De este modo nuestra experiencia no es muy distinta a la de los sindicalistas y anarquistas italianos avecindados en los Estados Unidos y la Argentina desde el siglo XIX; o a la de los españoles que emigraron a Chile después de la imposición del franquismo. No es diferente a la de los trabajadores y trabajadoras mexicanos que cruzan la frontera hacia los Estados Unidos para vivir en territorios que históricamente les pertenecieron; o a la situación de miles de peruanos que vienen a Chile en busca de oportunidades, encontrando a veces el racismo y abuso que nosotros los exiliados, hemos también experimentado.

¿Y qué decir de la etnia Mapuche explotada, rechazada por el estado chileno y obligada emigrar a las ciudades para continuar allí recibiendo oprobio y desprecio?

Debo confesar que en estas cuatro décadas alejado de mi país, su idioma, costumbres y cultura; nunca olvidé la omnipresente cordillera de los Andes, la barrera protectora de los cerros y lomas que circundan mi barrio; y tuve tiempo para escudriñar mis orígenes, la historia de mis padres y abuelos, y asumir el ser parte de una primera generación de hijos de familias forzadas a emigrar a Santiago desde el norte y sur del país, en las primeras décadas del siglo veinte.

De este modo, aprendí de los esfuerzos y sacrificios de estos forzados viajeros, su lucha denodada en contra de la adversidad, sufriendo el tradicional abandono y negligencia de las autoridades. Pero ellos venían armados del tesón y deseo de progresar, no como entes individuales; sino como un colectivo que se unió para avanzar y sobrevivir como clase social.

Este libro es un homenaje a mis padres pero también a todos los vecinos, líderes, y personas que son ejemplos de unidad y hermandad; ingredientes esenciales en la solución de los problemas urbanos que debieron enfrentar.

Es que fueron muchas esas batallas para superar las enfermedades endémicas y los parásitos; la necesidad de levantarse de la ruina y reconstruir después del castigo de los fenómenos naturales, ejercitar el estoicismo para enfrentar fríos inviernos guarecidos en viviendas provisorias techadas con fonolitas y paredes de tablas sin calefacción.

Finalmente, triunfa la voluntad de los pobladores que debieron abogar por servicios sanitarios modernos, luchar por tener veredas y calles pavimentadas, resistir en el verano el ataque de mosquitos y zancudos provenientes de acequias abiertas y pozos sépticos, y de otros males sociales que describieron valientes autores de la estatura del entonces joven facultativo y ministro de salud Salvador Allende, que habló en 1936 del hambre fisiológica que sufría más de la mitad de la población de Chile

A través de la organización social y política; los inmigrantes del sur logran con esfuerzos la promoción colectiva, versus al progreso meramente individualista, meta mezquina y egoísta en la actual sociedad consumista y de creciente alienación.

Este libro comienza con el relato de las circunstancias en que las familias de mis padres y otros trasplantados llegan a la capital de Chile. El relato requirió de algunas reseñas del contexto político que vivía el país en esa época de convulsiones sociales; y la forma como se va urdiendo el tejido social en mi población, un pequeño microcosmos de lo que quizás sucedió también en otros sectores de la así llamada periferia de Santiago, segunda patria de los marginados.

Aprendí que la experiencia colectiva de los habitantes de la población las Torres, no es idéntica a las historias de los habitantes del Zanjón de la Aguada, la Herminda de la Victoria, la población Ángela Davis, la Legua, Quinta Bella, Barrancas, Quinta Residencial El Salto, Huechuraba, o El Cortijo; pero hay también muchas similitudes.

Hay elementos comunes de lo que se podría denominar la "cultura poblacional," caracterizada por la necesidad de luchar y lograr justo reconocimiento como ciudadanos en la gran urbe, el sentido de unidad y espíritu cívico que permitió un progreso que tomó décadas para su pleno desarrollo, las creencias y costumbres trasladadas desde el norte y el sur de Chile a los nuevos barrios, y lo ancestral de una historia alimentada con los recuerdos de costumbres campesinas con sabores mágicos.

Aprendí de los acontecimientos globales que impactaron a Chile y particularmente a Santiago en los inicios del siglo veinte; y como éstos influyen y golpean por igual a estos conglomerados humanos.

Por otra parte, son lugares comunes los almacenes donde se fiaba, y las esquinas del barrio mal iluminadas en noches de neblina y garúa. Eran también factores comunes las reuniones nocturnas de emergencia de las Juntas de Vecinos, la naciente radiotelefonía, la sacrificada creación de compañías de bomberos voluntarios, el nacimiento de grupos folclóricos y juveniles, y todo aquello que caracteriza a la cultura popular.

Pero no todo es la descripción histórica, ya que a mi padre le agrada la poesía, y en este libro hay muestras de expresiones líricas de su particular experiencia cómo niño campesino recién llegado a Santiago. Como parte de este homenaje a sus noventa años de vida, se incluye el primer poemario de mi sobrino Pablo Salgado Brito, nieto de Don Rigo; y finalmente algunos de mis propios trabajos.

Lo escrito es también un reconocimiento póstumo a mi madre Javiera Pereira, otra exiliada del sur.

Juan Daniel Brito
16 de julio, 2013

Generaciones

"Dentro de cada uno de nosotros,
Existe inmerso un niño,
Generoso e inocente."

Don Rigo, como le llaman con respeto sus amistades, compañeros de trabajo y familiares; nació el 8 de marzo de 1924 en el pueblo de Los Sauces, provincia de Malleco, región de la Araucanía.

Fue el cuarto hijo de una familia de cinco niños de los que el mayor era Guillermo, seguido por Gerardo, Ester, Rigoberto y Solanda de la Cruz. Sus padres fueron Don Juan Brito Figueroa, y Doña Juana Chávez Gatica, con parientes en Concepción, Angol, Lebu y otros pueblos de la zona.

Era una familia de pequeños agricultores, y su papá un experto en tareas del agro, la fabricación de herraduras, y la antigua ciencia de sembrar y sacar adelante los cultivos.

La casa familiar estaba situada como a una hora de camino del pueblo de Los Sauces, y Rigo y sus hermanos iban diariamente a este naciente centro comercial y residencial, para comprar el pan que colocaban en un canasto, cubriéndolo con un paño protector para mantenerlo tibio.

De su temprana infancia recuerda un río, el puente número cinco, y la estación del tren que llevaba a los pasajeros al pueblo de Angol, y a otras regiones cuyos nombres, Curanilahue, Carahue y Troncol; mantenían vivo el recuerdo de la lengua mapudungun.

De esos tiempos, persisten en su memoria claras imágenes de lo que era la vida en la frontera donde conviven hasta hoy, pero en constante conflicto, los chilenos y la población indígena.

En ese pueblo cuya población actual asciende a 7,581 habitantes, estaba en aquellos tiempos el almacén que se llamaba "La Esquina Redonda" donde de acuerdo a Rigo, vendían de todo lo que "el fulano que tenía plata pudiera comprar." Naturalmente, no fiaban.

Cómo en las antiguas pulperías, allí había desde monturas chilenas e inglesas, hasta peinetas, ternos, velas de sebo, riendas, estribos, vino, rebenques, aceite, mantas, cartuchos de perdigones, aguardiente, hilo y harina.

También se vendía el papel para escribir, sobres de cartas, y los antiguos lapiceros con cabezal de madera, su respectivo tintero y el papel secante. No faltaba la pequeña oficina postal donde se encontraba el telégrafo, único medio de comunicación rápida con el exterior. Rigo no recuerda si cobraban por letra o palabra, pero los mensajes eran escuetos: "Tito murió," "María muy enferma," "Recibí el giro," "Vendimos alazán," "Nació una niña."

El único hospital estaba en la lejana ciudad de Angol, y las enfermedades que afectaban a los habitantes de los pueblos aledaños, dependían para su diagnóstico y curación, de los consejos de las "meicas," la habilidad de los "compositores" de huesos, y el conocimiento ancestral traspasado de generación a generación, acerca de la variedad de yerbas curativas y las propiedades medicinales que se encontraban en raíces y cortezas preparadas para cuando llegara el caso, en brebajes e infusiones.

Las sacrificadas parteras de la región ayudaban en los alumbramientos, y de este modo, los habitantes de la comarca se las arreglaban para superar las emergencias y enfermedades..

En el hogar de Rigo era común el uso de las ventosas para el caso de neumonías, el agua de paico para las indigestiones, y el tilo con limón para los frecuentes resfriados del invierno.

Los ojos del niño observaban con atención a los jinetes que iban y venían montados en sus caballos, entre la montaña y el pueblo de Los

Sauces, con la polvorienta calle principal, cuatro panaderías, la botica "Uribe," la ferretería "El Martillo," y el característico mercado abierto; lugar de trueque, compra y venta de productos de todo tipo que creaban en su conjunto ese movimiento balbuceante donde coexistía la "civilización," y el mundo misterioso y ajeno de la población indígena explotada y zaherida, pero no derrotada.

A los niños les causaba curiosidad el martillo gigantesco colocado a la entrada de la ferretería donde se ofrecía todo lo necesario para aserruchar, atornillar, cortar, techar, pavimentar, clavar, pegar, o talar.

Rigo recuerda cuando los Mapuches llegaban al pueblo de Los Sauces con sus ovejas, chamantos, y productos agrícolas para vender o intercambiar; guardando siempre cierta distancia y un marcado recelo con los habitantes. Sin embargo, uno de los buenos amigos de la familia era Reil, que un día se durmió al lado de la vía ferroviaria y el tren le cercenó una pierna.

Se sabía que Reil había sido el dueño de muchas tierras heredadas de sus ancestros araucanos; pero la llegada de los conquistadores españoles y más tarde de hacendados franceses, chilenos y alemanes, caracterizados por la falta de escrúpulos, soberbia, prepotencia, y una rapacidad innata insaciable; se las fueron arrebatando y reduciéndoselas a un nimio predio.

Los nuevos colonizadores eran prácticamente los señores feudales de la región, acaparando las semillas, administrando la justicia a su antojo, amañando las transacciones comerciales, controlando la esencial distribución del agua para los sembrados, y tratando a los desposeídos, medieros, gañanes, arrieros, campañistas, y jornaleros, cual si fuesen los antiguos siervos de la gleba de la Edad Media, mal pagándoles con pan, fichas, recriminaciones, y amenazas.

Frustrado y despechado por la sórdida labor de rapiña de la que fue víctima por ser Mapuche; Reil se emborrachaba y así sucedió el accidente del tren que le incapacitó en unas tierras donde los brazos, la vista, el oído, manos y piernas; eran los instrumentos esenciales para llevar a cabo las tareas agrícolas de guiar los bueyes, predecir el tiempo, herrar, escuchar la cercanía del peligro, montar a caballo, sembrar, y cosechar el trigo.

Por ese motivo en la región de los Sauces y en toda la Araucanía, se palpaba aún, en la década de los años 20,' el clima de sospecha mutua entre la población aborigen y los nuevos dueños quienes, con leguleyos traídos de Santiago y los expertos en esos injustos despojos judiciales avalados por gobiernos oligarcas; expandían incesantemente sus fundos, satisfaciendo de este modo sus desmedidas ambiciones territoriales.

Estos fundos serían la base de los futuros latifundios que en algunos casos se extenderían ilegalmente desde la cordillera hasta el mar; y a los que afortunadamente el gobierno demócrata cristiano de la segunda década de los años 60,' aplicaría una anhelada, aunque muy limitada reforma agraria.

Además de los "cagatintas," sobrenombre con el que se conocía a notarios y abogados; se agregaban las bandas de huasos armados con escopetas y cuchillos que trabajaban al servicio del patrón para las tareas de despojo y opresión.

¡Es qué a los Mapuches les habían hecho tanto daño con el tifus, la sífilis, la viruela y otras plagas traídas desde Europa por las codiciosas hordas peninsulares!

Después vendría como otra plaga, la avaricia inagotable de los dueños de fundo, la acción ponzoñosa del aguardiente, y la así llamada "campaña de pacificación de la Araucanía," vil eufemismo que disfrazó la brutal intervención militar organizada por los gobiernos conservadores que se turnaban en la capital. Esta masacre culminaría en 1883, con la así llamada "redistribución" de las tierras, dirigida desde Santiago por las autoridades victoriosas.

Este arbitrario reordenamiento fue antecedido por los asesinatos y las ejecuciones sumarias de guerreros araucanos, las que se repetirían noventa años más tarde con el golpe de estado de 1973, a través de la acción mancomunada de los ex latifundistas, los "pacos," y los maleantes con uniforme.

Rigo recuerda que algunos de los fundos de la región eran él de "Los Garraté," probablemente de origen francés, y la conocida hacienda agrícola del alemán Juan Augusto Herminman, que tenía una prisión privada para castigar a los que desobedecían. Sus deseos y antojos eran entonces ley, y sus violentas y despóticas acciones, rayaban entre la locura y el atrevimiento.

A este insólito individuo, le acompañaban un grupo de matones con los que en una oportunidad; pretendieron tomarse a la fuerza un pueblo cercano. Las autoridades chilenas debieron enviar efectivos militares fuertemente armados del regimiento Los Húsares de Angol, para impedir estas irracionales acciones; comunes en lugares donde esos extranjeros eran "Dios y Ley." A pesar de la gravedad del delito de sedición; jamás se les llevó a la justicia. Era la ventaja de ser blanco y de apellido extranjero.

"Era un gran señor y raja diablos," diría un escritor que describió la utilización sistemática del miedo y el terror que impregnaban los campos de Chile, cómo un hecho común en el constante vía crucis de los campesinos.

Aún se utilizaba la ignominiosa costumbre medieval del "derecho a la pernada," las violaciones de viudas y muchachas campesinas indefensas, y los asesinatos e incendios de los hogares y sembrados de los mapuches; viles actos perpetrados por la aristocracia del campo, y ejecutado sin lástima por sus sicarios y carabineros.

Los dueños de fundo tenían usualmente más poder armado que las mismas "fuerzas oficiales del orden." En esos años, y de acuerdo al niño Rigo, los carabineros usaban raídos uniformes azules, carabinas obsoletas, y montaban cabalgaduras débiles, incomparables con las bien apertrechadas bandas de matones armados que trabajaban para los latifundistas cómo una guardia pretoriana.

Alrededor de una fogata o en la cocina de la casa paterna, Rigoberto, sus hermanos Guillermo, Solanda de la Cruz, Gerardo y Ester; escuchaban estas historias y las de aparecidos; las persecuciones nocturnas de los así llamados bandidos en los contrafuertes cordilleranos; los relatos de las batallas a tiros entre cuatreros y las patrullas de los hacendados; y la historia del abuelo de Rigo que murió trágicamente intentando cruzar a caballo un vado en el caudaloso río Cautín.

Al animal se lo llevó la corriente, y al jinete se le enredó el poncho en la cabeza, arrastrándole con la bestia a las profundidades de las aguas.

"Al detenerte, antes de cruzar un río,
Contemplaste como esas aguas corren,
Así se va la vida, igual que el río.
Pondrás tus pies en la arena húmeda,
De sus aguas frescas beberá insaciable tu boca,
Y al cruzarlo cerca de un claro remanso,
Verás en su reflejo,
El azul del cielo infinito."

Historias lejanas, tristes, y a veces imprecisas surgidas como de un álbum de tapas ajadas con fotos en blanco y negro, en definitiva, documentales ambiguos y nebulosos del pasado.

Abundaban en esas noches de invierno con lluvias interminables y violentas ráfagas de viento cordillerano; las leyendas de entierros clandestinos cavados por los españoles para esconder sus tesoros cuando huían de los guerreros mapuches.

También les mantenían despiertos los relatos de las apariciones esporádicas del diablo que no era de color rojo ni negro, sino que de un pronunciado tono blanco y ojos fosforescentes; la presencia familiar de las ánimas del purgatorio; las luces extrañas que cruzaban como bólidos por encima de los sembrados, y la imagen de aquel digno jefe Mapuche que aparecía esporádicamente con sus armas, cerca de la centenaria higuera del patio de la casa.

También se escuchaban las tristes historias de niños que morían "empachados," o afectados por la "pensión" y el "mal de ojo." Recordarían para siempre la leyenda del "cuero" que atrapaba a los infantes a la orilla de los ríos y se los llevaba al fondo de las aguas; la presencia del indio Collipí que pasaba por la noche cantando frente al hogar de los Brito precedido por sus perros; el ronroneo nocturno del imponente puma que descendía en la oscuridad desde las cercanas montañas merodeando amenazador el corral de las ovejas; la historia del prolífico Trauco que embarazaba a las jóvenes vírgenes y a las mujeres solas; los lejanos ladridos de los quiltros; y la sensación de que algo impreciso y terrible podría suceder repentinamente, viniendo de improviso desde las tinieblas y los cerros, en aquellas oscuras noches de Los Sauces.

"Si cruzaras las montañas en tu caminar,
Miedo no tengas al internarte en ellas,
No mires hacia esas cosas del pasado,
Solo los buenos recuerdos de los ausentes.
No dejes que el temor invada tu alma,
Mantén tu andar lento, pero seguro,
La mente fría, pero en tu corazón, el ardor de la vida."

"Winca tregua, winca pillo," recuerda Rigo que cantaba el indio Collipí y su voz se iba perdiendo por los senderos que iban a la montaña hacia donde se dirigía cada noche, guiado por los mapas invariables de las brillantes estrellas de los cielos sureños.

Mi padre recuerda que asistió a una escuelita primaria administrada por un profesor mapuche, y aprendió las primeras letras en el abecedario "El Ojo," de Claudio Matte. Cada alumno usaba una minúscula y gastada pizarrita, y un trozo de tiza para practicar las letras y escribir las primeras frases. No olvida el olor del campo, el canto monocorde de los grillos, el croar intermitente de los sapos nocturnos, el himno victorioso de los gallos al amanecer, y el vuelo veloz de las avecillas de la mañana.

Las cantoras, cantores y declamadores de décimas, eran personajes muy importantes en los tiempos en que recién comenzaba la radiotelefonía y no existía la televisión. El cine llegaría más tarde por iniciativa de comerciantes. Allí dónde había electricidad, ponían a funcionar las mágicas maquinitas, proyectando en paredes pintadas con cal, las primeras películas mudas de Chaplin, la Pasión del Señor, y las legendarias tragicomedias de Rodolfo Valentino.

Los circos ambulantes mencionados en sus relatos por Violeta Parra y su hermano Roberto; eran otras de las formas de entretenimiento, y los patrones les contrataban para distraer a sus peones descontándoles sagradamente la entrada de sus ya miserables salarios/fichas.

La habilidad musical ya existía en la familia de Rigo, y recuerda a unas tías que cantaban tonadas y cuecas acompañadas por guitarras de esas con clavijero de madera y bordonas de metal; animando las fiestas dieciocheras, o deleitando a los presentes durante los felices tiempos de la cosecha, cuando reinaban las humitas y el pastel de choclo.

"De la cordillera vengo
De donde nacen los ríos
Que bonita es la cantora,
Pero ¡chitas! que hace frío."
(Del folclore chileno)

Después de terminadas las arduas jornadas de la trilla y la recolección del maíz; las familias campesinas se reunían bajo rústicas techumbres de ramas; para bailar y saborear las cazuelas de chancho con chuchoca, y degustar el robusto vino tinto de los viñedos cercanos.

La afición musical se transmitirá a la familia Brito, y varios sobrinos, hijos, nietos, y nietas, heredarían estas artes. Al Rigo ya le llamaban la atención la improvisación de los que cantaban décimas, el peculiar canto campesino con raíces peninsulares, el baile, y las primeras poesías heroicas dedicadas al veintiuno de mayo, a Manuel Rodríguez, Bernardo O'Higgins, y los hermanos Carrera. Todavía recuerda algunas estrofas de himnos marciales que le enseñaron en su primera escuelita, dedicadas al triunfo de Yungay, y a otras batallas, ganadas o perdidas, de los tiempos de la guerra del Pacífico.

Todo eso quedaría atrás cuando explota la crisis mundial de los años 30,' y se produce la caída estruendosa de la Bolsa de Comercio de Nueva York, afectando cual efecto dominó, a los países europeos, del Caribe, y América Latina.

Las consecuencias financieras de la especulación bursátil y la usura, además de la crisis salitrera de Chile; obligaron a miles de familias del Sur y del Norte a dejar sus tierras, y viajar a Santiago.

La agricultura estaba en crisis ya que la sequía acababa con los cultivos, y los animales morían enloquecidos por la sed, caminando extraviados por cerros y lomas donde los acababan los pumas. Los esteros, vertientes y riachuelos se secaban; los hacendados continuaban explotando sin piedad a los medieros, campesinos, y jornaleros; y finalmente, una lluvia inmisericorde; cayó prematuramente y "cómo castigo del cielo" en los sembrados, pudriendo los cultivos donde los proletarios del campo trataban de ganarse la vida.

La crisis económica y climática afecta también a la familia Brito y a miles de otros hogares de la región; y es así, como sus padres deciden emigrar hacia el Norte.

Rigoberto recuerda que todo comenzó cuando la tía María envió a buscar a sus sobrinos Guillermo y Gerardo para que vivieran en Santiago. Fue una primera separación dolorosa, y sintieron el impacto del alejamiento de los dos hermanos mayores. En la casa de los Sauces quedaron él, sus hermanas y los padres que también viajarán, después de finalizar múltiples preparativos, entre ellos la venta de las herramientas agrícolas, y los pocos animales que sobrevivían.

Así, pagaron las deudas, y un día memorable; estuvieron listos para la jornada que se iniciaría una noche oscura en la que Rigo recuerda que "no había luna."

No existía una línea ferroviaria directa entre Los Sauces y Santiago por lo cual en ese atardecer inolvidable, abordaron un tren pequeño de dos vagones de pasajeros y otro de carga, que les llevó hacia el vecino pueblo de Trinte. Allí se alojaron en la casa de una familia que conocían y que les brindó una modesta cena de despedida.

Los niños casi no durmieron pensando en estas experiencias sin precedentes en sus vidas, con una mezcla de excitación ante lo nuevo, y cierta tristeza que no podían aún explicar.

Se convertían en emigrantes en su propio país y abandonaban debido a las circunstancias, lo que había sido su entorno vital.

Fue así como después de una noche casi en vela, a las ocho en punto de la mañana del día siguiente, subieron al tren grande que les conduciría finalmente a Santiago en un penoso viaje de dieciocho horas. Los asientos era de madera e incómodos, y atrás fueron quedando las filas de álamos, los sauces llorones, esteros, montañas, cerros, lomas y ríos de la región a los que Rigo visitaría muchos años después, trayéndole los nostálgicos recuerdos de esa dolorosa separación.

"Fue una lucha dura y sublime,

> *Donde el valor no tiene límites,*
> *Solamente desde el alma, viene la fe."*

¿Hubo lágrimas, gestos de pesar, rabia, conformidad, temor ante lo desconocido? Si los hubo, él no lo recuerda.

El nocturno encuentro con la capital

Después de cruzar decenas de pueblos, ciudades y estaciones en las que subían otros pasajeros con sus maletas, guitarras, el cocaví, paquetes y canastos; la familia llegó a la estación central a las doce de la noche, y el niño Rigo y sus hermanitas despertaron y se sorprendieron al ver la gigantesca estructura de metal tan distinta a las pequeñas y modestas estaciones ferroviarias de Malleco, que habían quedado para siempre en la distancia y el tiempo.

Más tarde aprenderían en la escuela que la imponente construcción fue diseñada por el ingeniero francés Gustave Eiffel, y que el nombre oficial del gran terminal era Estación Alameda. Con la estación Mapocho localizada al lado del río del mismo nombre; éstos eran los puntos claves donde llegaban los trenes que conectaban la capital con el Sur, la costa y el Norte del país.

La Estación Alameda cuyo nombre común era Estación Central, comenzó a funcionar el 14 de septiembre de 1857 y fue oficialmente inaugurada en 1884. Para los recién llegados creaba una primera abismante impresión, solamente comparable con la visión de las estructuras de los enormes puentes que cruzaban los trenes por sobre los anchos y caudalosos ríos del sur.

Cuando descendieron del vagón, era ya la medianoche, y agotados por las horas de viaje; se unieron a una larga procesión de cientos de pasajeros que vivían la misma experiencia. En el andén les esperaba un tío que ya residía en los alrededores de lo que sería el conocido "Barrio Estación," del que da también noticias en sus décimas, la cantante y compositora Violeta Parra.

Así, poco a poco, la familia comenzó a acomodarse en lo que era el Santiago de año 1932, remecido por las crisis gubernamentales, y el desarrollo de nuevas organizaciones políticas que luchaban en contra de un rígido sistema dirigido y controlado por la aristocracia conservadora.

Al principio, a Rigoberto y sus hermanitas, les asustó ver por la amplia avenida Alameda, unos carros que pensaron avanzaban sin control, deslizándose con estridentes ruidos metálicos sobre unos rieles que se perdían a la distancia, por allá donde se veía la silueta de un enorme cerro. Sin las locomotoras a vapor dirigiendo su rumbo, parecían máquinas independientes y enloquecidas con destinos impredecibles.

Después se enterarían de que eran los tranvías o carros, conectados con unos enormes e ingeniosos largueros a los cables de la corriente eléctrica. Para ellos, y a su llegada al gran Santiago de la Nueva Extremadura; su extraño funcionamiento y el avanzar ruidoso, eran algo mágico e incomprensible.

Esos vehículos de color verde, desgastados por el tiempo y la ausencia de mantención; se llovían por dentro en los meses de invierno, aunque estuvieron en circulación por muchos años. En décadas posteriores serían reemplazados por las destartaladas "micros," las rápidas "liebres," y finalmente los en ese entonces, modernos buses japoneses marca Mitsubishi, peligrosos contaminadores del medio ambiente.

La emisión descontrolada de los gases de la bencina y de la gasolina Diesel, flotaban ya en una ciudad rodeada de cerros y montañas, donde el humo no tiene salida en los meses de invierno, cuando no llegan las refrescantes brisas del sur.

En los primeros años de la década de los cincuenta; estos nuevos medios de transporte público, coexistirán en una caótica interacción vehicular, con los cargados carretones de manos arrastrados por fogosos atletas, triciclos, motonetas, bicicletas, y las carretelas tiradas por caballos explotados por el constante ir y venir a Santiago, trayendo vegetales y productos de las chacras desde los huertos de la periferia de la capital.

Rigoberto y su familia, al igual que miles de otros chilenos, se acomodan como mejor pueden en la ciudad de Santiago viviendo en casonas antiguas al norte del río Mapocho, vestigios elocuentes de los siglos XVIII y XIX. Allí formarían el ejército laboral de obreros que trabajarán en condiciones no muy diferentes a la de los fundos del sur, o las de las minas del norte y pampas salitreras. Es decir, recibiendo salarios miserables, sin beneficios médicos ni jubilación.

Los nuevos asalariados se integran a las numerosas industrias textiles de Santiago, las peligrosas fábricas metalúrgicas, los aserraderos de la periferia de la capital, las hediondas curtiembres de Recoleta, las labores pesadas con pala y chuzos en obras públicas, en las tareas de la construcción, en los servicios de mantención de edificios y residencias de ricos, en las salas de hornos de las panaderías, en los cementerios, y en el comercio ambulante; este último, una cesantía disfrazada.

Así, y después de vivir un tiempo cómo allegados en casas de familiares; los sureños y nortinos, descubren y exploran con curiosidad y cautela a la gran urbe. Conocerían el parque Forestal, se sacarían fotos en la Plaza de Armas de Santiago, y se irían asomando poco a poco al ambiente capitalino que parecía despertar con la llegada de estos nuevos habitantes.

En el caso de Violeta Parra y su hermana Hilda, éstas interpretaban canciones campesinas, mazurcas, valses y polcas, en bares y restaurantes cercanos a la estación, las que con el consumo del vino tinto y de la chicha; en algo aliviaban la nostalgia de los recién llegados que sobrevivían y trabajaban alrededor de la gran urbe.

Del pueblo de Los Sauces, quedarían solamente algunos recuerdos imprecisos, que por las noches regresaban a estos barrios nuevos con las voces de los vendedores anunciando,

"mote mei, pelao el mote calentito."

Estos trabajadores ambulantes nocturnos, se alumbraban en la penumbra de las mal iluminadas calles sin pavimentar, con un primitivo farolito hecho de un tarro, una vela de sebo, y papel celofán; vendiendo en los fríos meses de invierno, el tibio maíz cocido que ofrecían en simples cucuruchos hechos de papel de periódicos.

A veces, el hombre del mote hacía sonar un cuerno Mapuche, cuya voz melancólica parecía un lamento proveniente de bosques milenarios de araucarias del sur de Chile.

"Secad esas lágrimas, cansados peregrinos,
Qué tu alma encuentre paz,
Y desde tu corazón florezca la esperanza.
Haz que tus pasos sean firmes,
Y también la fe sea tu compañía,
En tus tristes noches de soledad."

Don Rigo recuerda que después, siempre en la década de los años 30,' vivieron cerca del Salto Chico, un pequeño tramo pavimentado que todavía conecta a la Avenida Recoleta con las avenidas Valdivieso y la calle El Salto. El nuevo hogar estaba situado a unas cuadras del cementerio General, y del vecino cementerio católico, en cuya entrada están esculpidos los versos del poeta español Jorge Manrique:

"Despierte el alma dormida, avive el seso y recuerde,
contemplando,
cómo se pasa la vida, cómo se viene la muerte,
tan callando."

Asistió, vistiendo el típico mameluco de estudiante de aquellos tiempos; a una escuelita del sector cuyo nombre no recuerda, pero donde cursó sus estudios primarios, aprendiendo aritmética, lectura, historia y escritura.

Por las tardes, con sus hermanos y amigos organizaban paseos de exploración a las faldas del hermoso cerro San Cristóbal que en algo les recordaban los contrafuertes cordilleranos del sur.

Hacia el costado norte, dominaban el paisaje los cerros Colina y Manquehue, y al poniente el cerro Blanco, mientras continuaban surgiendo los nuevos barrios aledaños a chacras y cultivos de La Rinconada de El Salto. A lo lejos, y detrás del Pan de Azúcar, se divisaban las cumbres nevadas de la Cordillera de los Andes que por la lejanía, parecían monumentos inaccesibles, coronadas por los hielos eternos.

En los meses de primavera elevaban los volantines, "pavos," y "ñeclas," veían partidos de fútbol en las primeras canchas del sector localizadas cerca de la parroquia San Ramón; y después de las clases jugarían a las bolitas, al trompo, la rayuela, y el caballo de bronce. No faltarían las pichangas de futbol ni el juego del "monito mayor."

A veces, a sus hijos, nietos, o vecinos, Don Rigo les señala el lugar preciso donde sus padres alquilaban una casa de la que ahora solamente quedan paredes de adobones con techos desvencijados, posiblemente condenadas al derrumbe por la fuerza aniquiladora de algún futuro terremoto.

Así ha ido sucediendo con los barrios "viejos" de Santiago, entre ellos Estación Central, la avenida Independencia, Mapocho, y la Avenida Recoleta; reemplazados hoy día por los emergentes centros comerciales, o las torres de departamentos creciendo incesantemente cerca de la falda poniente del San Cristóbal, donde reina la Virgen y que desde su cima parece proteger con sus manos extendidas a la ciudad.

A los dieciocho años, Rigo hace su servicio militar en la infantería de costa, hecho que le llena de orgullo y fue de gran importancia en su formación personal. Conocerá por primera vez el puerto de Valparaíso, los imponentes barcos de guerra y mercantes, hace nuevas amistades, y observa la rápida decadencia de lo que fuera en el siglo XIX "la Perla del Pacífico," con sus cerros alegres, el paseo por la costanera, las palmeras chilenas, y los pintorescos y crujientes ascensores.

A veces comparte con sus nietos sus experiencias de aquellos tiempos en compañía de su amigo Manuel Rojas, y las familias que le acogieron con generosidad en el puerto, otra ciudad que pasa a ser cómo su segundo hogar.

Ha tenido la oportunidad de visitar el puerto en diversas oportunidades, pero al igual que Santiago, los antiguos barrios han desaparecido, y solamente puede imaginar el pasado en esas calles ahora solitarias, rodeadas de muros en ruinas, donde en su tiempo aspiró el olor del Pacífico y habrá conocido a su primera novia.

"El rumor del mar y su apacible paisaje,
Van acallando las voces del atardecer,
Se van liberando los pensamientos,
De este corazón adormecido,
Y las angustias se van en silencio disipando."

El encuentro de Rigo y Javiera

En 1946 contrae matrimonio con Javiera Pereira Cancino, joven inmigrante que provenía del pueblo de San Javier cercano a Villa Alegre y Bobadilla, también recién llegada a la capital en busca de otro futuro.

San Javier es una comuna y ciudad en la provincia de Linares, fundada el 18 de noviembre de 1852. Su nombre original es San Javier de Loncomilla, reconociendo al sacerdote jesuita Francisco Javier, y a la palabra Mapuche "Loncomilla," que en lengua mapudungun significa "Cabeza de oro."

El pueblo está situado a 24 kilómetros al sur de Talca, y a 31 kilómetros al norte de Linares en la rivera sur del río Maule, frontera natural con la zona de la Araucanía. Los pueblos de Villa Alegre y San Javier pertenecen al valle de Loncomilla caracterizado por la producción agrícola y vitivinícola donde los dueños de fundos descendientes de vascos y castellanos y al igual que en Los Sauces; hicieron cuantiosas fortunas explotando al campesinado en sus latifundios.

Los vinos de esa región fueron usualmente bautizados con nombres de Santas y Santos de origen católico romano, paradoja cruel si se consideran los abusos a los que se sometía a los inquilinos y trabajadores del agro. Pero hay un nombre que les hace justicia y les retrata en sus obras productivas, el vino Casillero del Diablo, y el Concha y Toro, que recuerda a una familia perteneciente a la nobleza en los tiempos de la Colonia.

Cuando Rigoberto y Javiera viajan a Santiago, el viaje se hacía por ferrocarril, único medio de transporte al alcance de las decenas de miles de familias que emigraban a la capital.

Estos trenes y sus locomotoras de vapor, son temas constantes en los versos de poetas, compositores, y escritores de la época. Los rieles y los durmientes, al igual que en todo el mundo, son el sinónimo de tristes despedidas de los que se van, y de aquellos que se quedan sufriendo la misma pena por la separación.

Con Javiera, Don Rigo procrea al igual que su padre, cinco hijos, Juan, Teresa, Enrique, Javiera y Víctor Patricio que al igual que decenas de miles de niños y niñas, serán la primera generación de aquellos obligados a mudarse a la ciudad.

Javiera prepara comidas al estilo campesino, cuida de sus hijos, sabe de las propiedades medicinales de las plantas, le encanta cultivar y cuidar de sus flores; y lo más importante, es una buena administradora del exiguo salario del esposo, trabajador en los edificios de la Renta Urbana localizados al lado de la histórica Plaza de Armas, la catedral de Santiago, el correo central, el museo histórico, y la municipalidad.

En ese edificio vivieron el ex presidente Jorge Alessandri Rodríguez, que fue presidente de la Compañía de Papeles y Cartones; y Arturo Matte Larrain; influyentes personajes en la vida social y política de Chile.

Javiera prepara pescado frito con arroz graneado los días sábados, les sirve cazuelas de carne de vacuno una vez a la semana, condimenta como nadie las ensaladas de cochayuyo, los deliciosos charquicanes, las cazuelas de pollos provenientes de su propio gallinero instalado en el patio posterior de la casa, hace humitas en el verano, empanadas en septiembre, sopaipillas pasadas en invierno, pan amasado; y de un tarro de leche condensada hervido, prepara el manjar blanco para rellenar los queques que sirve con té a la hora de "onces," o en las celebraciones de onomásticos y cumpleaños.

También conoce la técnica de preparar mermelada de tomate y alcayota preservándolos en frascos de vidrio para los meses de invierno. Utiliza la forma campesina de almacenar las cebollas, las papas, y las legumbres; sazona con arte las deliciosas sopas de pan, y cocina las presas de pollo con papitas doradas para las ocasiones especiales en que les visitan la tía María, su suegra Juana, o sus cuñados Guillermo y Gerardo. También llegan a su casa, sus amigas de la juventud, Merceditas Sarabia y Rosario; y los sobrinos Rigoberto y Gerardo que viven en otros barrios de la Capital.

Javiera sabe tejer de una manera diestra con palillos de metal o de madera y es la que hace los gorros, chombas, y guantes de lana para el invierno, zurce incansablemente medias y calcetines, lava la ropa de la familia en una simple artesa con agua fría, y la tiende en los cordones del patio para que se sequen con el viento del sur.

Su gran orgullo es el hermoso jardín donde siempre hubo rosas, claveles, lirios, margaritas y calas. Tenía también orquídeas, y con sus vecinas intercambiaban semillas, y "patillas" para aumentar la variedad de flores en el terreno donde jugaban Juan y Teresa, y se iba levantando poco a poco la nueva casa. También en el pequeño patio "de atrás," planta duraznos, y ayuda a su esposo en la construcción de la primera vivienda provisoria hecha de tablas y adobes.

Se levanta invariablemente a las seis de la mañana para comprar el pan y la leche, y en las frías noches de invierno; seca incansablemente los pañales y las ropas a las que humedecen constantemente el frío y la garúa de junio y julio. Usa para estos menesteres un rústico secador de mimbre instalado encima del brasero alimentado con carbón de quillay o espino, al que de vez en cuando arroja puñados de azúcar que despide un olor dulce al mezclarse con el humo del brasero familiar, donde usualmente estaba la tetera en la que hervía agua caliente para el té.

La leche se vendía en los establos del fundo de los Riesco, dueños de un palacio, copia fidedigna de su homólogo francés, rodeado de anchas y altas paredes de adobones que circundan a una hermosa arboleda de álamos y eucaliptos. En su patio que da hacia el Este, hay un hermoso jardín, palmeras chilenas, monumentos, y las efigies de animales exóticos.

Desde los ventanales del palacio, se podía observar el antiguo paisaje de chacras y campos de siembra circundados por la "Vuelta de la Herradura," y hacia el sur; las viviendas provisorias de los nuevos residentes que construirán allí sus hogares a partir de la década de los años cuarenta.

La estructura monumental del castillo, contrastaba con las viviendas provisorias que se levantan sin cesar alrededor de las gigantescas torres de alta tensión que cruzan de norte a sur a las nuevas poblaciones.

Los pobladores más antiguos dicen que alguna vez vieron pasar por la calle el Salto en su automóvil, al presidente Pedro Aguirre Cerda, en los tiempos en que aún el sector era el prototipo de lo rural y una rica reserva del valor ambiental de ese rincón de Santiago. El primer mandatario representante del partido radical y pionero de gobiernos progresistas, tenía su casa de retiro a los pies del Manquehue, y gracias a sus oficios como gobernante, Chile obtiene su primer Premio Nobel en poesía, en la persona de Gabriela Mistral, nuestra Lucila Godoy Alcayaga.

El palacio casi en ruinas que adquiriría más tarde la compañía Entel; es uno de los vestigios de los excéntricos gustos que se daban los oligarcas chilenos y reproducen lo que habrán sido los castillos franceses rodeados de tierras de cultivo donde se explotaba también a los siervos de la gleba y a sus familias.

La suntuosa propiedad contaba con su propia capilla, y una rudimentaria planta eléctrica que iluminaba con luz artificial los amplios salones del palacio, mucho antes que hubiese alumbrado eléctrico en los nuevos barrios.

Conseguir leche fresca en los establos del palacio Riesco, significaba una caminata de casi una hora, hacer la fila, y regresar con el producto en lecheros de metal. Allí, bajo la omnipresente sombra del cerro Manquehue, se iniciaba un largo camino empedrado que girando a la derecha, daba comienzo a la "Vuelta de la herradura," hermosa senda que circunvalaba amplias zonas de cultivo donde se podía sentir, oler y palpar la naturaleza.

Sus hijos recuerdan a Javiera cantando durante sus ajetreos en la cocina y en el jardín. Eran canciones aprendidas en el San Javier de 1930, donde creció antes de convertirse en otra exiliada del sur.

"Mira como corre el agua debajo del puente,
Debajo del puente que cruza el zanjón,
Así va mi cariño como la corriente,
De tu corazón."
(Del folclore chileno)

De su vida nunca habló demasiado ya que era de un carácter reservado y siempre con respecto a los conocidos decía "ni muy adentro que te quemes, ni muy afuera que te hieles."

Llega a Santiago desde San Javier donde nació un 22 de febrero de 1923, pero fue bautizada en la parroquia del vecino pueblo de Villa Alegre.

Era hija de Elena Cancino y Daniel Pereira, siendo la menor de dos hermanos, Ramón y Manuel, y de su entrañable hermana Teresa que continuó viviendo con su esposo Antonio Torres y sus hijas Alba, Elena, María Irene, Lucía y Teresa en el fundo de "Los Silva."

Mantuvo una asidua correspondencia con su hermana, y a veces sus hijos la veían escribiendo cartas con su letra de líneas amplias y seguras. La llegada del cartero la alegraba, y a veces recibía avisos de encomiendas que debían ir a buscar al correo Central en el centro del Santiago. Eran cereales y productos del campo que ayudaban a la economía del hogar en Santiago.

A través de este intercambio postal y telegramas, se organizaron en la década de los años 50,'los viajes a Santiago de sus sobrinas María Inés, y Alba, que deseaban estudiar para ser profesoras normalistas. Juan y Teresa las recuerdan con cariño ya que también les daban tutoría y apoyo académico en matemáticas, escritura y lectura. Curiosamente ninguna de las dos se radicaron en la capital, y después de un año, regresaron a San Javier donde establecieron sus respectivos hogares.

Javiera visitó varias veces durante las vacaciones de verano a su hermana, y recorrió nuevamente sus pueblos, Villa Alegre y Bobadilla; cruzó con su esposo e hijos el caudaloso río Maule en la balsa impulsada por los brazos de los mismos pasajeros, y visitó en la década de los años ochenta a algunas personas que aún le recordaban.

"Javiera, ¿qué hacís por acá?," le habría preguntado una ancianita con la que posa en unas fotografías donde se ve la plaza de su pueblo y la antigua casona donde vivía su hermana Teresa. Todavía se acordaba del lugar donde asistió a la escuela y allí aprendió muy bien la aritmética que le sirvió toda la vida para administrar las finanzas y los ahorros del hogar.

Su hermano Manuel la visitó, y Juan todavía recuerda a un hombre joven al que acompañaron al paradero del recorrido de la micro Avenida Chile. Se sabe que viajó al Norte en los años 50,' y la comunicación con él nunca más se recobró, cuestión semejante a lo sucedido con su hermano Ramón, otro emigrante.

Javiera, traerá desde el campo a su mamá Elena quien le ayudó por un tiempo en el cuidado de sus dos primeros hijos, y colaboró en la atención del hogar mientras ella trabajaba. Una antigua foto, muestra a la abuelita vestida con una falda larga y un chal de lana negro, en una plaza de San Javier.

Tanto Elena como Juana, esta última mamá de Rigo; fallecen a mediado de los años 50,' y así, Javiera tendrá que dedicarse por entero a su hogar, aunque también encuentra la forma de generar algunos ingresos extras trabajando en su casa como modista y costurera.

Todavía la familia conserva la máquina de coser manual marca Singer, una joya de recuerdos de la familia, y en la que ella cosía la ropa de sus hijos. Hasta hace algunos años, estaba en la cocina una antigua máquina para moler la carne con que preparaba las empanadas y el pastel de choclo. La primitiva moledora tenía una manivela para activar un mecanismo que aunque simple, llamaba la atención de sus hijos.

Era una mujer con una gran capacidad de escuchar y entender a otras personas, pero muy reservada. Cumplió lealmente su papel de esposa y madre en épocas difíciles y de mucho esfuerzo. Por otra parte fue la mejor maestra de sus hijos mayores a quienes enseñó a leer y escribir usando el Silabario Hispanoamericano, y las nociones básicas de aritmética que había aprendido en la escuelita de preparatorias de su pueblo. De alguna manera ahorraba y así se implementaron los planes de una casa definitiva que requirió inversiones en ladrillos, arena, cemento y barras de metal.

Sus distracciones eran cultivar las plantas, velar por las flores de su jardín, hablar con sus vecinas más cercanas, entre ellas la recordada comadre Claudina; y escuchar las canciones campesinas que interpretaban por la radio la Violeta Parra y del dúo María e Inés.

Aquí voy con mi canasto
De tristezas a lavar
Al estero del olvido

Dejen, déjenme pasar.
Lunita, luna,
No me dejes de alumbrar
(De Violeta Parra)

Según sus recuerdos y después del matrimonio, Don Rigo y Javiera adquirirán con unos ahorritos un pequeño terreno de ocho metros por veinte, en un loteo de lo que fuera una chacra localizada al lado de la avenida El Salto, según dicen, propiedad de la hacendada Antonia Silva. Todavía existe la fastuosa entrada que divide hasta hoy las antiguas avenidas El Salto y Valdivieso.

Allí, al igual que cientos de otras familias, construirán una vivienda provisoria, donde pasan los primeros cuatro meses de crudos inviernos santiaguinos, y acogen en un caluroso mes de febrero, al primer vástago que se llama Juan Daniel en homenaje a sus abuelos; y dos años más tarde, un caluroso día veintitrés de octubre; a su hijita Teresa del Carmen, en reconocimiento a la hermana de Javiera.

Los terrenos no estaban urbanizados, no había veredas ni calles pavimentadas, faltaba el agua potable, no existía el alumbrado público ni servicios de alcantarillado; por lo cual los vecinos debieron organizarse y construirlo todo a partir de la nada.

Al principio, el agua llegaba en unos camiones cisternas, y los primeros pobladores debieron rellenar con mucho esfuerzo sus terrenos, con tierra y piedras, para ponerlos a salvo de las inundaciones del canal durante los lluviosos meses de invierno; además del desmadre de una acequia que se desbordaba inundando las humildes viviendas.

Rigo y Javiera eran uno de los matrimonios más jóvenes de la calle originalmente bautizada como Avenida Las Canteras. Esta comenzaba en las faldas de la cadena de los cerros del Carmen, de donde se habían extraído el material para pavimentar los primeros caminos; quedando las grandes excavaciones semejando hondas heridas permanentes que dejaron al descubierto rocas milenarias.

Actualmente se están llevando a cabo investigaciones arqueológicas y antropológicas que han identificado vestigios de la presencia en ese sector de la cultura Inca. Sus hábiles ingenieros habrían efectuado notables labores de agricultura e irrigación antes de la llegada de los españoles, y se piensa que hay resabios de una ruta que pudo haber sido el "camino del Indio," por donde habrían viajado desde el norte los correos chasquis, guiados por la Cruz del Sur y otras constelaciones del hemisferio.

En la toponimia del lugar, se reconoce el nombre de los cerros Manquehue, Colina, Conchalí y Renca; que seguramente se refieren a caciques Picunches, señalándose además que la cumbre del Cerro Blanco en la avenida Recoleta, habría sido un lugar de celebración de rituales religiosos indígenas. Sin embargo, hay versiones que indican una combinación de la influencia Mapuche, y Quechua.

Las fortalezas y capacidad de sobrevivencia de los pobladores nortinos o sureños recién llegados a este difícil ambiente; eran su juventud, el espíritu indomable de trabajo, la vocación de lucha por sus derechos cívicos, los valores morales, la importancia de dar y mantener la palabra de honor con solamente un apretón de manos, el respeto al prójimo, la puntualidad en la llegada a las reuniones de la comunidad que anunciaba puerta a puerta don Juan Parra, la eficacia y pericia en el uso de sus herramientas traídas desde los campos o las minas; y el conocimiento de las complejas tareas de construcción que compartían de un modo solidario con sus pares.

Entre los nuevos vecinos llegaron carpinteros, albañiles, ex marinos, mineros, plomeros, comerciantes ambulantes, sastres, modistas, pintores de brocha gorda, especialistas en excavaciones, electricistas, tejedoras, ebanistas, cocineras, expertos en el arte del estuco, y en la instalación de pisos y cielos de madera.

Les motivaba la idea y el deseo genuino de establecerse en Santiago en "su propiedad," y en la añorada "casa," que reemplazaría a aquella que tuvieron que abandonar cuando se trasladaron a Santiago y acerca de la cual se inspira una conocida canción de Tito Fernández, el Temucano

Así, los sureños, nortinos y santiaguinos conviven armónicamente y se organizan para exigir a las autoridades apoyo a sus peticiones de progreso urbano.

Con su propio esfuerzo construyen escuelas, una parroquia, el centro de reunión de la comunidad, canchas de futbol, organizan las primeras fiestas dieciocheras, algunos asisten a las procesiones dedicadas a la Virgen del Carmen, y también llegan los pioneros de los partidos políticos inspirados en los ideales del mutualismo que promovieron en 1860 Don Francisco Bilbao y Don Santiago Arcos, además de dirigentes anarco sindicalistas, falangistas, socialistas y comunistas.

Una gran mayoría de los recién llegados son católicos y participan en las primeras "misas de campaña" al aire libre que años después celebrará el aguerrido padre Bernardo Valenzuela, fundador de la escuela parroquial Nuestra Señora del Carmen con cursos de primero a cuarto preparatorias. La modesta parroquia tuvo por muchos años un proyecto de campanario sin campanas, pero entonces el sacerdote llamaba a misa y la trasmitía a través de potentes altoparlantes.

Imbuido en el espíritu de una iglesia papista pre conciliar y conservadora; las ceremonias eran en latín, el sacerdote, salvo en el sermón, daba la espalda al pueblo, y eran jóvenes de la Acción Católica quienes traducían en español las palabras del ritual romano. Entre ellos estaban Carmelo y Gatica que tenían una buena dicción, y animaban las presentaciones culturales de aquellos tiempos, coreografiadas por los hermanos Aguirre.

Para los niños eran impresionantes las masivas procesiones del vía crucis, las del dieciséis de julio dedicadas a la Virgen del Carmen, y otras efectuadas para pedir el favor del cielo en casos de olas sísmicas, o violentos temporales.

Por otra parte, algunos de los vecinos provenientes del "Norte," habían conocido a través de sus padres y tíos, a líderes sindicalistas de la estatura de Luis Emilio Recabaren y Elías Lafferte; y conservaban todavía como un precioso legado familiar, los libros prohibidos que lograron rescatar de la represión y las masacres llevadas a cabo sin piedad por los militares en los tiempos del salitre; una forma brutal pero inútil, de impedir el desarrollo del movimiento sindical chileno.

Serán ellos quienes inician en la población las primeras organizaciones progresistas que apoyarán activamente la candidatura del senador Salvador Allende en su primera postulación presidencial en el año 1958, y posteriormente en 1964, cuando triunfa en las urnas Eduardo Frei Montalva, candidato democratacristiano.

Debido al golpe de estado del 11 de septiembre de 1973, muchos libros de política progresista, verdaderas joyas de colección, incluidas copias hechas a mano de jugadas clásicas de ajedrez, antiguos periódicos obreros, afiches, y manifiestos políticos, vuelven a desaparecer.

Esta amalgama ideológica con vertientes religiosas, mutualistas, radicales, comunistas, socialistas, falangistas, y anarcosindicalistas; no impiden que los asuntos cívicos y de desarrollo social y urbano de la nueva comunidad, continúen adelante alimentados con diversos aportes de ideas, talentos, y opiniones.

Un primer impulso a la educación pública

El 24 de diciembre de 1938, casi una década antes de la fundación de la Población Las Torres, había asumido la Presidencia de la Republica, el presidente radical Pedro Aguirre Cerda, abanderado del Frente Popular, y con el impulso de este gobierno progresista; se promueven iniciativas que desarrollan la educación publica y la implementación de un plan sexenal de alfabetización que incorporará a 385,000 niños a la educación primaria.

La Escuela Consolidada de Experimentación, cuyo edificio de color blanco está localizado por más de medio siglo en la esquina de la avenida Las Canteras y la calle El Salto, fue un ejemplo de este programa de desarrollo de la educación inspirado en la legendaria frase del gobierno de Don Pero Aguirre Cerda, "Gobernar es Educar."

Esta escuela fue un modelo revolucionario de reforma educacional impulsada por los mismos profesores. Tenía una biblioteca, un piano de concierto, un salón de actos con capacidad para cuatrocientas personas, instrumentos musicales, una cancha de baloncesto, y por muchos años será el establecimiento escolar de excelencia para los hijos de los emigrantes.

Allí se enseñaba francés e inglés, literatura chilena, matemáticas, educación cívica, economía doméstica, trabajos manuales, artes y deportes. Una de sus más reconocidas directoras fue la señora María Pulgar.

Los vecinos recuerdan que la escuela acogía a estudiantes en los turnos diurno, vespertino y nocturno, utilizando al máximo la capacidad de este establecimiento escolar que aún cumple sus funciones, pero lamentablemente limitado a horarios diurnos. Sus profesores fueron un ejemplo de compromiso y dedicación para una generación de estudiantes que les recuerdan con cariño.

Utilizando el mismo edificio, ésta también contaba con uno de los primeros servicios de salud dental que atendía las necesidades de los niños, y después de los pobladores adultos.

Al costado oriente de la escuela, los vecinos construirán a comienzos de la década de los años 1960, una cancha de baloncesto donde el Club Deportivo Población Las Torres con sus ramas masculina, femenina, e infantil; enfrentaban amistosamente a otros grupos deportivos del sector. Entre sus recordados dirigentes se recuerda a Don Pedro Silva y a su esposa la señora Elba.

Mas tarde, y en la década de los setenta, siempre cerca de la escuela Consolidada; Juan Parra Astorga y otros vecinos, fundaron un campo de tenis que todavía está en funcionamiento. Al mismo tiempo y al pie de los cerros El Carmen, se construyeron las primeras canchas de fútbol que brindaban un espectáculo gratuito para los vecinos, aunque en la misma calle Reina de Chile todavía sin pavimentar; se jugaban las legendarias "pichangas" en las que participaban Carlos Mariño, los hermanos Núñez y Aguirre, los Aspee, Reynaldo Bruna, y otros aficionados al futbol.

El amplio auditorio de la escuela Consolidada fue con el tiempo, un enclave de actividades comunitarias y cívicas. A fines de las década de los años 1960, se transforma en la sede oficial de los festivales de la canción organizados a partir de 1968 por la Federación Juvenil del Salto (FEJUSA); además de las conmemoraciones del Día del Trabajo, foros juveniles, La Semana de la Juventud, y paneles de discusión acerca de temas relevantes para la nueva generación, organizadas por un activo grupo de jóvenes líderes hijos de las familias emigrantes.

Entre ellos estaban Julio Parra, Manuel León, los hermanos Venegas, María Angélica Alvarez, Patricio Villanueva, Luisa Torres Moraga, Gladys Quiroz, Leonel Velázquez, Gloria González, Orlando Mella, Jorge Valdivia, Juan Parra Astorga, Henry Cabello, Edmundo Aravena, Osvaldo Collado, Rolando Zamorano, Juan Soto, los hermanos Araníbal, Luis Leiva, y los hermanos Juan y Teresa Brito; quienes transforman el hogar de Don Rigo y Dona Javiera en la avenida Reina de Chile, en un centro de reuniones y actividades que los dueños de casa apoyan y aprueban con entusiasmo.

"Esa casa era como nuestra sede social y la señora Javiera siempre nos servía tecito en las reuniones en las que discutíamos actividades juveniles," dijo Juan Carlos, un integrante y excelente bailarín del conjunto folclórico Manquehue.

En años posteriores a la fundación de la escuela Consolidada, los hijos de los vecinos asistirán a las escuelitas Lucila Godoy Alcayaga, Isabel Riquelme, Francisco Bilbao, y La Aurora de Chile; que proveyeron educación básica a miles de nuevos estudiantes, primera generación de los fundadores de las poblaciones Einstein, Las Torres y Quinta Residencial El Salto.

Con el aumento de la población juvenil, hijos de emigrantes; éstos comienzan a matricularlos en el Liceo Número Uno de Hombres de Santiago Valentín Letelier cuyo nombre se dedicó a un educador progresista y gran reformador social partidario de la instrucción laica en el año 1888. Las jóvenes por su parte, asistirán el Liceo Número Cuatro de Niñas, o a la Escuela Normal Número Uno que preparaba profesoras de Estado. Otros se matricularán en la Escuela Industrial de Conchalí, que provee educación técnico vocacional; y también en varios Institutos Comerciales; todos ellos localizados en la ya legendaria e histórica Avenida Recoleta.

En esas primeras décadas de esfuerzos, la atención de salud para los pobladores era todavía precaria, y el entonces joven parlamentario socialista, Salvador Allende; ministro de salud bajo el gobierno Pedro Aguirre Cerda, escribió un libro acerca de la situación sanitaria de Chile, que constituye un primer programa político de reforma de salud.

Para los pobladores, el acceso a hospitales era muy limitado. Además de los hospitales José Joaquín Aguirre, Roberto del Río, y San Borja; funcionó por muchos años un pequeño "policlínico" donde se atendía a través de un sistema de "números" que se daban a los pacientes que desde la madrugada, hacían una larga fila para obtener la consulta. Fue allí donde la mamá de Javiera, la abuelita Elena, se atendió y recibió en 1954 el diagnóstico de un cáncer que la llevó a la tumba en algunos meses.

Eran los tiempos en que recién se ampliaba el uso de la penicilina que salvó la vida de Teresa, la segunda hija de los Brito, afectada en un crudo invierno por una bronconeumonía fulminante. No tuvo la misma suerte Rosita; la hijita menor de los compadres Pedro Núñez y Rosa Riquelme, fallecida a pesar de los denodados esfuerzos y oraciones de sus padres y de los vecinos.

La comadre Rosa trato de curarla con los consejos de su mamá la señora Panchita, una emigrante francesa, y de sus vecinas. Llevaba a la niña todos los días muy abrigada a pasearla en sus brazos al cerro ya que se creía que el olor de las hojas de eucaliptos le ayudaría a limpiar las vías respiratorias. Finalmente en un día de lluvia intensa, la guagüita fallece, y esta pérdida no fue solamente de la familia, sino que de las decenas de vecinos que acompañaron a los dolidos padres al cementerio.

Eran los tenebrosos tiempos en que la taza de mortalidad infantil en Chile era elevada, y la ausencia de atención médica y las condiciones difíciles e insalubres en que vivían los pobladores; cobraban grandes pérdidas de jóvenes vidas humanas y de adultos mayores.

Las epidemias de influenza en esos tiempos cuando no existía la vacuna preventiva, y el antibiótico penicilina era aún escaso y caro; produjeron una elevada mortalidad y obligaron al cierre de las escuelas y liceos. La palabra cuarentena, era para los oídos de la nueva generación, como una maldición, de esas que tan bien nos habla Violeta Parra. Los pobladores en esos inviernos inmisericordes, calentaban sus hogares con primitivos braceros; e intentaban combatir los virus y las bacterias con limones, tilo, y oraciones.

Uno de los héroes de aquellos tiempos era don José De La Peña, "practicante," que de día o de noche iba a los hogares a ponerles la inyección con antibiótico a los niños o adultos del vecindario, librándolos así de una muerte segura a causa de las agudas epidemias.

Las vacunas preventivas en contra de la viruela y el sarampión, salvaron a muchas vidas; pero la desnutrición, el raquitismo, y las contaminaciones con el plomo de las pinturas, afectaron a muchas vidas.

Los límites de Las Torres

El barrio donde se establecieron Don Rigo y Doña Javiera, es un triángulo que forman la antigua avenida El Salto, en aquellos tiempos la única pavimentada y por la que circulaban micros y tranvías; la calle Lircay, y las Canteras. Por el Norte esta la población Quinta Residencial El Salto, por el sur la población Einstein, por el poniente la población Quinta Bella, y al este, la cadena de cerros El Carmen, coronado por un antiguo camino que subiendo por la falda sur del cerro San Cristóbal, llega hasta una pirámide, desde donde se descendía hasta el río del mismo nombre, uno de los paseos veraniegos de las familias proletarias.

En lo que actualmente es la población Quinta Bella, existía en la década de 1940, una quinta de recreo, y también un centro de tratamiento de enfermedades mentales en la que los pacientes cultivaban la tierra, crecían huertos y plantaban árboles frutales. Posteriormente se inauguraría un primer consultorio para tratar la salud de los niños.

El tejido poblacional

En la población Las Torres se iniciaron amistades que durarían toda la vida, e imperaba la necesidad de unirse para enfrentar urgentes tareas comunes, lo que diluía o minimizaba posibles diferencias de credos, criterios, ideologías opuestas, o pasados resentimientos.

Desde este nuevo y pujante conglomerado humano, surgen historias, anécdotas y peculiaridades que están aún en la memoria de los vecinos.

A uno de ellos cuyo sitio estaba localizado en el vértice de un triángulo que es la forma distintiva de la población Las Torres, se le conocía solamente por el apodo del "Uno" porque a partir de esa esquina se iniciaba la primitiva enumeración de los lotes de terreno.

La ventaja de esta propiedad era que a diferencia de los rectángulo alargados de los otros terrenos de 8 metros por 20, éste era un triángulo, y su vivienda contaba con ventanas laterales que mejoraban notablemente el acceso de la luz del día, ventaja con lo que no contaban las sólidas viviendas pegadas unas a la otras; y que por ser tan estrechas, debieron prescindir de esas ventanas. Más tarde, Don Rigo y sus vecinos deberán abrir tragaluces para superar este déficit de luz natural.

Por muchos años, la población Las Torres fue un proyecto habitacional en constante crecimiento y frente a las viviendas se acumulaban camionadas de arena o piedras, ladrillos, fierros, y materiales de construcción. Los sábados, domingos y festivos fueron para la mayoría de los vecinos y por más de una década; días arduos de trabajo.

Así, irán surgiendo sin un plan regulador o sofisticados diseños arquitectónicos, viviendas sencillas de un solo piso, con sólidas paredes de ladrillo "botado," techumbre de láminas de metal, también llamadas planchas de "zinc," un antejardín, una muralla frontal con rejas de hierro, y en la parte trasera o en los costados, el tradicional parrón donde los vecinos durante los meses de verano se protegían del sol, y almorzaban o cenaban al aire libre.

Con el paso del tiempo, la labor de los "estucadores" profesionales o aficionados; permitió dar el broche de oro al interior de las viviendas.

Una de las bellezas de este nuevo barrio; es la cercanía a la cadena de los cerros El Carmen que brindaba a los pobladores una oportunidad para paseos dominicales en los que con sus vecinos, tomaban onces en la recordada "loma" donde se llevaban a cabo competencias de volantines, y los aficionados al canto daban serenatas a las buenas mozas del barrio.

También en las calurosas tardes de enero y febrero, los jóvenes y enamorados, visitaban la hermosa caída de agua denominada la "Cascada," que derramaba sus aguas en el peligroso canal El Carmen que cobraría varias vidas debido a su turbulencia y profundidad, entre ellas, la de un joven de apellido Collado que intentó salvar a dos hermanas.

En los calurosos meses de verano era tradicional que grupos de vecinos se unieran para disfrutar de un día veraniego cerca del río la Pirámide, donde gracias a la iniciativa de los mismos bañistas, se construyeron rústicos diques de piedra, creando vados más profundos para los nadadores y los amantes de las "picadas."

La jornada dominical se iniciaba usualmente a las cinco de la mañana, antes de que "calentara" el sol; y la caravana de adultos, jóvenes y niños; iniciaban la ascensión por el caminito que atravesaba el costado de la gruta de la Virgen del Carmen; y después de cruzar otras grandes canteras, pasaban la vistosa roca de la misteriosa "Cueva del Indio." Siguiendo el sendero que orillaba el canal El Carmen, subían después hasta la cumbre donde estaba el camino que finalmente les llevaba hasta el río de la Pirámide.

Desde allí, portando bolsos con los ingredientes para hacer el desayuno, el almuerzo con asado, y la "once;" los paseantes bajaban al fresco microclima que creaba el río, disfrutando del paisaje y de la frescura del lugar. A los lejos se veían las aún eternas nevadas cumbres de los Andes y las lujosas mansiones del "barrio alto."

Después de un día de solaz, las familias descendían a la población y se reencontraban con los intensos vahos de calor, los zancudos, y una vista panorámica del sector que ha sido el foco de atención del fotógrafo Miguel Sánchez, dedicado a retratar paisajes de los cerros y de la población.

Actualmente esta recordada fuente fluvial ha disminuido su caudal, y las aguas del río La Pirámide, han sido contaminadas por los ponzoñosos químicos provenientes de explotaciones mineras en la cordillera, afectando, cómo en otros lugares de Santiago, la rica fauna y flora de microclimas naturales que refrescaba la vida de los residentes.

Otros de los paseos sabatinos o dominicales, eran las visitas al "Castillo," una sólida construcción de piedra en la que estaba localizado el observatorio meteorológico y astronómico de la Universidad de Chile, el imponente monumento dedicado a la Virgen María, y las caminatas por el camino que corona la cadena de cerros y desde donde se observa el amplio paisaje de las poblaciones y de los cerros circundantes cuyas cumbres, en siglos pasados, servirían de orientación a los correos chasquis.

El paseo en la recordada Vuelta de la Herradura fue también para los emigrantes del campo una oportunidad de revivir la vida en sus lejanas tierras. Allí estaban los sembrados de tomates, lechugas y maíz, los establos con vacas y caballos, y la hermosa vida natural ahora casi eliminada por la creación de un Centro Industrial que ha desplazado brutalmente los terrenos agrícolas, resaltando un hotel de lujo situado a pocas cuadras de la moderna vía de circunvalación Américo Vespucio Norte.

Lo que queda del microclima de la Vuelta de la Herradura, ha llevado a los inversionistas a construir amplias torres de departamentos, e impersonales estacionamientos de automóviles, con vista a la moderna carretera, vínculo con Las Condes y Providencia; y casi a los pies del cerro Manquehue.

El paisaje natural de antaño ha variado notablemente, para perjuicio del medio ambiente y la salud de los habitantes.

En la población Las Torres fue donde Don Rigo desarrolló su vida como ciudadano apoyado por su esposa Javiera, he hizo su aprendizaje como líder en la Junta de Vecinos y otras organizaciones cívicas, encabezando con otros dirigentes las múltiples tareas colectivas enfrentadas con esfuerzo por los pobladores.

A diferencia de hoy, cuando muchos chilenos llegan a nuevos complejos habitacionales ya habilitados con modernos servicios sanitarios, calles pavimentadas y buenos recorridos de locomoción pública; los pobladores de Las Torres, utilizaron el sistema de "auto construcción," compraron con sacrificio y ahorro los materiales para levantar los cimientos de sus hogares permanentes; y poco a poco, se fueron elevando las barras de fierro para las cadenetas, sostenedoras de las murallas de ladrillos o las "panderetas."

Los fines de semana y por casi catorce años, Don Rigo y Doña Javiera, construyen con la asesoría de vecinos como don Alejandro Aguirre, Raimundo Arévalo, y Juan Parra; una casa definitiva de ladrillos aún en constante expansión, y donde en la actualidad vive con su hija Javiera, su yerno José, y sus nietos Daniel, Pablo y Javierita. Le visitan a menudo su tercer hijo, Enrique, su nieto Javier, además de su quinto hijo Víctor, y el nietecito Miguel Angel.

Regularmente y a partir de 1990, Juan. el hijo mayor, visita a la familia acompañado por su esposa Rebecca, viajando desde los Estados Unidos donde se radicó en 1979.

El plano original de la casa lo hicieron Don Rigo y su esposa, y la construcción del hogar definitivo culminó en 1964 con un hermoso tejado de tejas rojas que la distinguían de otras viviendas similares. A partir de esa fecha, la familia sobrepasó mejor los inviernos, protegida por sólidas paredes y nuevas habitaciones "encieladas" y con pisos definitivos de madera que instaló don Policarpo. Ese mismo año y gracias a los ahorros familiares, la familia adquirió el primer juego de sillones y sofás de la casa, al igual que nuevos juegos de cocina, y un elegante escritorio donde Juan preparaba sus lecciones.

La casa de la familia ha resistido terremotos, temporales y ventoleras, y Don Rigo y su esposa Javiera han recibido las felicitaciones y agradecimientos de sus nietos que han contado así, con un hogar seguro y estable.

Allí nacieron en 1958 y 1959 respectivamente, dos de los hijos menores, Enrique y Javiera. En 1968 nacería Víctor Patricio que falleció a los dos días de vida, entristeciendo hasta hoy a la familia.

Solamente en los recuerdos de la difícil década de los años 1950, quedarían las noches de angustia y sobresaltos cuando los vientos huracanados del Norte remecían con fuerza el techo de planchas metálicas o fonolitas de las primeras dos viviendas. También estaban las siempre amenazantes y desbordadas aguas de las dos acequias de la avenida sin pavimentar, que con las lluvias intensas descendían desde el cerro y anegaban constantemente a la población.

El nuevo y definitivo hogar, fue un motivo de orgullo para Don Rigo y Doña Javiera, y una razón suficiente para admirar la tenacidad y esfuerzo de un poblador, entre otros cientos que vivieron el mismo proceso de auto-construcción.

La primitiva Avenida Las Canteras cambiaría más tarde de nombre, y pasaría a llamarse a fines de la misma década, Avenida Reina de Chile en homenaje a la Virgen del Carmen cuya imagen corona la gruta que está ubicada en la cima de una de las canteras.

La gruta está constantemente iluminada con cirios de los cientos de devotos que pagan así sus "mandas," aunque muchos les prendían también velas a las ánimas y familiares ausentes para que les ayudaran a sobrevivir los meses de mayo, junio, julio y agosto; librarse de la cesantía, y rogar por la salud de los enfermos. Estas prácticas provienen del campo, al igual que la forma de hablar de los inmigrantes, llenas de regionalismos y expresiones arcaicas.

"Niños vengan a comere," o, "si no le obedecís a tu maire, te voy a castigare."

Todavía existe en el barrio la devoción a la Virgen Del Carmen y muchos recuerdan que para pagar las "mandas," las mujeres vestían por meses trajes de color café, característico de la reina de Chile.

Cada 16 de julio, día de la Patrona; integrantes de la Sociedad de los Criollistas del Salto, se reunían con lluvia o con frío, y alrededor de las cinco de la mañana; marchaban para dar una serenata a la gruta de la Virgen con instrumentos de viento y percusión. De pasada, y en la calle Venezuela, presentaban sus respetos a la Sra. Mercedes

Fuentealba y su familia, donde se les estimulaba con un brindis de amanecida.

Los músicos subían por el "caminito de la virgen," acompañados por los marciales sones de sus instrumentos, se prendían fuegos artificiales, y para culminar el homenaje, los participantes entonaban el himno nacional. La ceremonia continuaba con oraciones, además de "vivas" y loas para la Patrona de Chile.

Cada avance y progreso de la población fue el producto de un trabajo arduo, de reuniones nocturnas de organización donde los vecinos compartían sus frustraciones por la tramitación e ineficacia de las autoridades, o por iniciativas truncadas debido a la ausencia de apoyo gubernamental.

Sin embargo el recordado alcalde Jorge Ortega, cariñosamente apodado "el Negro," del partido demócrata cristiano, fue más receptivo a las necesidades de sus vecinos ya que vivía en la calle Muñoz Gamero, una de las arterias importantes del barrio el Salto que comunica con la avenida Recoleta.

Se recuerda también con cariño al regidor Exequiel Espinoza del partido Comunista, quien vivía en la calle Venezuela, y que representó a los vecinos del sector por muchos años.

La población las Torres, el barrio El Salto, lo que es hoy día la comuna de Recoleta, y el barrio de Huechuraba; eran en esos tiempo parte de la gigantesca comuna de Conchalí, cuya alcaldía estaba localizada en la avenida Independencia.

Este inmenso municipio y las grandes distancias, obligaban a los dirigentes del Salto a viajar hacia el oeste en la micro recorrido Avenida Chile, para de este modo llegar a la alcaldía de esta concurrida arteria que heredó su nombre por el paso triunfante en febrero de 1817, del ejército libertador cuyos líderes eran el general José de San Martín y Don Bernardo O'Higgins Riquelme.

Esta fuerza militar, integrada por soldados argentinos y chilenos; había cruzado con cañones y caballería la Cordillera de los Andes venciendo los obstáculos naturales, el frío, y los efectos de la puna. Derrotaron a las tropas realistas en la Cuesta de Chacabuco, acabando de esta manera con siete años de una brutal reconquista española que muchos comparan con los tenebrosos 17 años de la dictadura de Pinochet y sus secuaces, diabólicas reencarnaciones del cruel y sádico Vicente San Bruno.

De acuerdo a los historiadores, los regocijados vecinos de la ruta por la que avanzaron las tropas argentinas y chilenas hacia Santiago; habían preparado arcos de triunfo construidos con ramas de palmas, flores y decoraciones, en homenaje a los vencedores que llegaban a la capital, después de caminar muchos kilómetros. Posteriormente el llamado Ejército Libertador, vencería definitivamente a los realistas en la batalla de Maipú que se libró el 5 de abril de 1817 en los llanos del Maipo, y donde hoy se levanta el Templo Votivo.

En aquellos tiempos de construcción constante y luchas interminables en contra de los elementos naturales y la burocracia; la palabra "vecino" pasó a ser sinónimo de hermandad de sangre, camaradería y solidaridad; y en muchas ocasiones se consolidaba con la institución del "compadre" o la "comadre," oficializadas en solemnes bautizos o confirmaciones donde una familia encargaba simbólicamente a su hijo o hija a los compadres para casos de emergencia, enfermedad o muerte de los progenitores.

Así, se multiplican en la población, la institución de los "padrinos" y de las "madrinas" que velaban por hijos o hijas ajenos, como si hubiesen sido los propios. De este modo, además de los padres biológicos, cada vecino o vecina se transformaba en una familia más extensa autorizados para llamar la atención al niño travieso, o al joven descarriado.

Para Don Rigo y doña Javiera, hay nombres que estuvieron siempre en su memoria y son sinónimos de esta amistad.

Recuerdan con cariño a José Arcos Pozo, Juan Parra, al compadre Raimundo Arévalo, Alejandro Aguirre, Carlos Garrido, Pedro Silva, Rubén González, al compadre Pedro Núñez, las familias Arancibia y Moraga, el matrimonio Gutiérrez de la calle Lircay, Tomás Castro, y los señores Calderón, Cárdenas, Mondaca, Vázquez, Albornoz, Castillo, Avendaño y Astudillo, las señoras Lidia, Elba de Silva, las comadres Claudina de Arévalo, y Rosa de Núñez, Hilda Aguirre; Elsita Moraga,

Zulema Garrido, y Rosa González, y la familia Recabarren Silva de la calle Julio Cordero, entre otros ya fallecidos.

Con cariño muy especial los pobladores recuerdan a la señora Luisa Moraga, cariñosamente llamada "Doña Luchita," la partera del barrio, que asistió con sus conocimientos y buena voluntad a muchas vecinas en las difíciles tareas del parto o de "dar a luz," hermoso eufemismo, suavizante del doloroso trauma de "parir."

Esta digna dama también "santiguaba" a niños o niñas afectadas por el "mal de ojo," quebrando además con oraciones en latín y un empujoncito en la columna vertebral el "empacho;" o aliviando la "pensión," una depresión física que afectaba a los infantes.

Su generosidad y altruismo nunca han sido olvidados, y una de sus nietas, Antonia Torres Moraga, "Toñita," estudió la carrera de obstetricia y se ha desempeñado en esa profesión por muchos años. Su otra nieta, Luisa Torres Moraga, estudió contabilidad y ha sido una fuente de consejos como experta en estas materias para comerciantes, vecinos, y amistades de los barrios Recoleta, Conchalí, y Huechuraba.

Los vecinos tampoco olvidan a Don Pedro Silva, famoso "compositor" de huesos, auxilio de los vecinos en casos de esguinces o dislocaciones, que usaba una técnica transmitida en el campo y la ciudad "de abuelos a padres, y de padres a hijos." Don Pedro reconocía los casos de fracturas y recomendaba entonces a sus pacientes tratarse en el hospital.

Como dirigente del Club de Baloncesto de la población, éste era también una figura importante en el tratamiento de accidentes de sus jugadores, y en dirimir diferencias deportivas con clubes invitados durante aquellos legendarios encuentros de los días sábados y domingos donde se destacaban sus hijos Andrés, Sergio, Pedro, y otros jóvenes de la rama femenina y juvenil.

En la actualidad, Don Rigo, la señora Zulema, los hermanos Juan y Orlando Parra, Hilda Aguirre, y el vecino Filiberto Labarca que vive ahora en la isla de Chiloé; son los únicos sobrevivientes de esa generación de pioneros y pioneras que crearon organizaciones tales como la Cooperativa de Consumos, la Junta de Vecinos Población Las Torres, el Club Deportivo Independiente, el Centro de Madres de la población, la tropa de Scouts, el Club de Baloncesto, y más tarde la

Sociedad de Socorros Mutuos en la que Don Rigo se involucra con gran entusiasmo llegando a ser dirigente por más de cuatro décadas.

Estas organizaciones mutualistas emergieron en la historia de Chile en el siglo XVIII, basadas en las ideas de igualdad y fraternidad hechas suyas por los gremios de trabajadores de las minas de carbón en Europa.

Así, los vecinos bautizaron a una escuelita situada en el centro de la población, allí donde está la plaza; con el nombre de Francisco Bilbao, uno de los jóvenes idealistas que desde Europa, específicamente Francia, traen a Chile brisas de reforma social con las que enfrentan a la oligarquía.

En nuestro país, este espíritu de cambio conllevó la fundación de la primera Sociedad de los Tipógrafos en 1853, y en 1856 la asociación de Artesanos de La Unión. Ambas siembran las bases de la creación de sindicatos y de los partidos políticos progresistas que tendrán pleno auge en las décadas de los cincuenta, sesenta y los tres primeros años de los 70.'

A propósito de historia, el barrio tiene hoy día el orgullo de contar con el joven historiador Carlos Canales, hijo del recordado Octavio Canales, diácono católico, trabajador minero, y profesor de religión. Este se ha especializado en estudios de la historia Mapuche y de la cultura Diaguita. Octavio y su esposa doña Inés, fueron el sostén espiritual de muchos feligreses en los duros tiempos de la dictadura pinochetista.

También son amigos del barrio los conocidos historiadores y actuales profesores universitarios Julio Pinto Vallejos, y Carlos Ruiz Rodríguez, visitantes solidarios de nuestro barrio durante los fatídicos tiempos de la dictadura y en los años de la década de los ochenta; caracterizado por las protestas callejeras y la esforzada reorganización política, cívica y sindical de los chilenos hastiados de la represión.

De la década de los años cincuenta, sus hijos mayores Juan y Teresa, siempre recordarán las conversaciones nocturnas de sus padres y aprenden palabras a veces incomprensibles para ellos tales como comisariato, pliego de peticiones, sindicatos, huelga, patrones, obreros, paros, contrato, dirigentes, krumiros, traidores, milicos, masacres, "pacos;" conocimiento importante para niños y jóvenes de los hogares de familias trabajadoras.

Este espíritu solidario aún perdura gracias a la actividad comunitaria de Javiera, la hija menor de Don Rigo; organizadora de festividades en la calle Reina de Chile y de colectas de solidaridad para ayudar a familias con enfermos, o dolidos por la partida definitiva de padres, esposas o hijos.

Javiera, con el Comité de Desarrollo Social "El Esfuerzo," nombre que hizo justicia a una generación de luchadores, ha trabajado arduamente con Sunita Zapata, Alejandrina, y otras madres de una tercera generación de pobladores; para mantener vivas las tradiciones de apoyo mutuo, las fiestas dieciocheras y navideñas, además de eventos culturales que apoyan líderes tales como el actual alcalde de Conchalí, Honorable Daniel Jadué, que reemplazó recientemente a los corruptos gobiernos municipales de Recoleta pertenecientes a partidos de derecha, autores de vergonzosas acciones de fraude y apropiación ilícita de fondos públicos.

Así, se mantenía y mantiene el sentido de ayuda mutua entre los vecinos que pasaron a ser una familia extendida, enfrentaron calamidades, terremotos, inundaciones, epidemias de influenza y posteriormente el golpe de estado.

Educación formal y medios de comunicación

Simultáneamente a los constantes trabajos de construcción, y sobreviviendo con salarios mezquinos y los emergentes servicios médicos del Seguro Social; doña Javiera y Don Rigo se preocupan también de la educación de sus hijos, proveyéndoles cada día el periódico, y libros que éstos leen y releen.

Don Rigo es un ávido autodidacta que mantuvo largas y productivas conversaciones con los padres Jesús Rodríguez Iglesias, Roberto Lebegue, y los jóvenes universitarios Julio Pinto y Carlos Ruiz, además del diálogo actual con sus sobrinos.

La primera biblioteca del hogar, contaba con obras de Don Miguel de Cervantes y Saavedra, Marcela Paz, un diccionario enciclopédico, otro diccionario Inglés-Español, una reliquia y admirable libro llamado "Nuestro Siglo," que describía las contradicciones entre las monarquías europeas y el pueblo; además de las ideas progresistas de Voltaire, Rousseau, y Montesquieu, que inspiraron el espíritu de las primeras constituciones políticas de países democráticos.

Esta colección de textos también incluía un ajado código de procedimiento penal, y revistas extranjeras que informaron a sus hijos acerca de otras realidades en el mundo, entre ellas O 'Cruzeiro y ejemplares del New Yorker, revista en idioma inglés que Juan intentaba infructuosamente de descifrar, admirado por la arquitectura de una metrópolis a la que sin desearlo; viajaría dos décadas después.

Otro de los tesoros de la familia, era un hermoso libro llamado "Tierra Abierta," publicado por el Instituto del Campesino donde se incluían poemas, narraciones, y una historia que por razones obvias les llamó la atención.

Esta se titulaba "ño Brito," tripulante de un barco velero mercante, azotado por una tormenta en el Estrecho de Magallanes. La embarcación peligraba con zozobrar, debido a una vela sin arriar del mástil mayor. El capitán le habría preguntado a los tripulantes si se atrevían a subir, bajar la vela, y salvar el barco; pero el viento huracanado, la violencia de la lluvia, los golpes inmisericordes de las olas en los costados de la nave, los relámpagos y rayos; intimidaban a los asustados marinos.

Finalmente el capitán le hizo la pregunta a "ño Brito," a la que éste respondió en forma afirmativa, "siempre que el oficial le prestara su capote para protegerse de la lluvia."

Así se hizo, y el valiente, cuya foto estaba en el libro, subió con dificultad por la resbalosa escalerilla de sogas sacudida por las ráfagas de viento y finalmente arrió la vela. Una vez en cubierta, devolvió el capote al capitán, los marinos le dedicaron un ¡Hurra!, el barco se salvó, y regresaron salvos a Puerto Montt.

Pero sus hijos Juan y Teresa recordarán siempre cuando un inolvidable sábado al mediodía, su padre llegó cargando en sus hombros un pesado saco harinero que colocó en la mesa del comedor.

El misterioso bulto traía decenas de libros de una casa editorial que había cerrado sus puertas y que le regalaron a Don Rigo, "todos los libros que se pudiera llevar," ya que debían entregar la oficina el lunes siguiente. Como los chóferes de las micros no aceptaban sacos extras, el papá caminó a pie desde su trabajo en Phillips 40 cerca de la Plaza de Armas, hasta su casa en El Salto; llevando en sus hombros este tesoro.

Así, la biblioteca del hogar aumentó en calidad y cantidad para regocijo de la familia aficionada a la lectura. Se trataba de obras de escritores norteamericanos e ingleses traducidas al español y entre ellos estaban los clásicos "El llamado de la selva," y "Aurora espléndida" del escritor socialista Jack London, "El Príncipe y el Mendigo" de Mark Twain, escritos filosóficos de Nietsche, entre otros volúmenes todavía sin encuadernar.

Entre otras obras estaban las de escritores españoles como Unamuno y autores rusos, donde Juan y su hermana aprenderían a temprana edad las teorías evolucionistas versus las religiosas.

Con el libro "El buen Diablillo," "Papelucho" y "Corazón," regalos de su prima María Irene que había viajado desde San Javier a la capital para recibirse como profesora normalista; la biblioteca familiar proveyó a sus hijos un material educativo único, gracias a la iniciativa de su padre.

También Don Rigo les sorprendía trayendo ejemplares de las revista Ecrán, Vea, Billiken, Estadio, Barrabases, Condorito; las selecciones de Reader's Digest; y un día inolvidable para todos , llegó la otra joya de la casa: una radio RCA de tubos, alrededor de la cual la familia escuchaba música chilena, peruana y argentina, además del "Club del Tío Alejandro," el programa noticioso "Semáforo," las "Aventuras de Fortachín y su perro Valiente," "Romance al Atardecer," "Cine en su Hogar," la "Residencial La Pichanga," "Hogar Dulce Hogar," "Tiempos Viejos," y "Esta es mi Fiesta Chilena," que transmitía en vivo canciones de Violeta Parra, y presentaba al dúo María e Inés, a Hugo Lagos y su arpa campesina; y la música de refalosas, tonadas, y cuecas.

En aquellos tiempos, ya se popularizaban los radioteatros con cientos de capítulos, y era notable el ingenio de las obras de Arturo Moya Grau que usualmente se transmitían después de almuerzo contando las desgracias de niños huérfanos a quien protegía un buen hombre cuyo sobrenombre era el nombre de un pájaro. Después de muchas desgracias, al final de la obra, se descubre que el niño o la niña eran en realidad hijos o hijas de padres acaudalados.

La modesta radio acompañaba a la familia durante el invierno, en esos sábados y domingos en que era mejor permanecer en la cama, que enfrentar las bajas temperaturas de junio, julio, y agosto; y deleitarse con el programa "Cine en su Hogar," en el que se dramatizaban y adaptaban para la radio, películas populares en Europa y los Estados Unidos, tales como "La Balada del Soldado," "Siempre en Domingo," "Quo Vadis," entre otras producciones cinematográficas.

También los hijos recuerdan las "Siniestras Historias del Doctor. Mortis," y los primeros programas animados por el inolvidable Ricardo García con las juveniles cantantes Fresia Soto, y Gloria Benavides.

A comienzos de la década de 1960, los estudios de la Radio Chilena se mudan al segundo piso del edificio en el que trabajaba Don Rigo, lo que permitió a sus hijos conocer a celebridades tales como Hernán Pereira del "Club de los Fantasmas," y los juveniles cantantes que visitaban la radioemisora de la calle Phillips donde se construyó una pequeña sala para acomodar a los radioyentes deseosos de ver a los magos de la radio. En esos tiempos los fanáticos de artistas y cantantes podían también conseguir entradas para la radio "Corporación," o la "Minería."

Como parte de la marcada tendencia nacionalista y militarista de Chile, se transmitió exitosamente la versión radial del libro de Jorge Inostroza, "Adiós al Séptimo de Línea," que relata la guerra del Pacifico, exacerbando el espíritu patriótico de los chilenos; aunque el himno del famoso regimiento se utilizaba también para anunciar las temibles cadenas nacionales, pregoneras de desgracias tales como los terremotos o tormentas en el sur, la erupción de volcanes, maremotos, y el anuncio de los bandos militares de la junta militar del dictador Pinochet.

Afortunadamente los programas radiales "Tarzán el Hombre Mono," con la voz privilegiada del entonces joven actor Julio Jung, y el "Llanero Solitario," creaban un balance con los programas políticos y los discursos del general Carlos Ibáñez del Campo, del candidato presidencial Jorge Alessandri Rodríguez, de la senadora María de la Cruz, Salvador Allende, y Eduardo Frei Montalva.

Debido al monopolio en las noticias, los chilenos teníamos que escuchar el tenebroso noticiero radial el "Repórter Esso," con noticias de las guerras en las que siempre los villanos eran los comunistas, y los ángeles buenos los Estados Unidos.

Juan y Teresa comentan en estos tiempos impregnados por la televisión, los alienantes programas de Don Francisco, Calle Siete, el Internet, el Facebook, y los violentos juegos de video; la suerte inmensa de haber crecido acompañados de la radio, medio de comunicación que fortalecía la imaginación y expandía la cultura popular de toda una generación que crece antes de la aparición de la televisión en blanco y negro que en 1962 se inaugura en Chile con la transmisión de los pormenores del campeonato mundial de futbol.

El tocadiscos y la "tele" eran todavía un lujo, y la familia Brito adquiere la primera caja mágica, solamente a fines de 1974, gracias al segundo trabajo de Juan como asistente social. Después completarían la sección de entretenciones del hogar los toca casetes, aunque nunca hubo un tocadiscos.

A pesar de las difíciles circunstancias económicas; Don Rigo y doña Javiera lograron que dos de sus hijos ingresaran a la universidad, una de sus hijas se especializó en enfermería y coordinadora de servicios médicos familiares, y la otra se graduó como asistente de educadora de párvulos trabajando por varios años en un jardín infantil de la Fundación Missio.

El comercio de la época

Antes de los actuales supermercados, toda población dependía para adquirir los productos de primera necesidad, de los pequeños "almacenes" y tiendas locales; y así se recuerda el que administraba "Don Toño," esposo de Normita Jara, quien generosamente le enseñó a Juan y a sus amigos a jugar ajedrez.

Este recordado vecino que a diferencias de otros "fiaba;" compartió con los niños y jóvenes del barrio sus conocimientos y cultura, ya que contaba con educación y deseos de entregar lo que sabía conversando y bromeando, mientras atendía a la clientela que compraba queso chanco, aceite, lentejas, y alimentos no perecibles. Un hermano de Don Toño era detective de investigaciones, lo que rodeaba a la familia Jara de un aurea de prestigio adicional.

Al lado de la propiedad de Don Tomás Castro estaba el legendario restaurante de "Don Rola" que administraba la señora Alicia Jara, quien con sus hijas Norma y Alicia; cuidaban también del inolvidable "Checho." En este pintoresco bar/restaurante, los vecinos jugaban cartas, y escuchaban "las partidas" que transmitían los detalles de los encuentros de futbol en los que usualmente los favoritos del barrio eran el Colo-Colo, la Universidad de Chile, y quizás el Audax Italiano; aunque no faltaban los fanáticos del Rangers de Talca, y el Green Cross de Temuco, entre otros elencos deportivos. Los partidos más importantes los relataba Hernán Solís y su voz se hizo legendaria con la transmisión radial de los encuentros de Chile con los equipos de Rusia y Brasil.

Don Rola, propietario del restaurante, era todo un personaje en el barrio. Al parecer había sido boxeador y tenía la habilidad de enfrentar a bofetadas a dos o tres oponentes. Hábil conversador, y con un sentido de humor peculiar, dialogaba de igual a igual con niños y jóvenes que le admiraban por su destreza para contar chistes.

Para la compra de cuadernos, lápices, tinta, hilo y lana, estaba en la calle Antonia Silva, la paquetería de la señora Elba, y en Reina de Chile, la carnicería donde se compraba también "al fiado," bajo la administración de Juanito, personaje que no era del barrio y de cuyo origen no se sabía demasiado. En la Avenida Las Torres existía otra carnicería de equino. Allí a bajo precio y disimuladamente, algunas familias necesitadas compraban la carne de caballo.

Conocida era la botillería y restaurante con el críptico nombre de "Cruz Diablo," que espantaba a los católicos pre conciliares, y donde se vendía el vino tinto en caña y en botella. En la avenida El Salto, era también muy concurrido el restaurante "Pescadito Dorado," especializado en frutos del mar.

Los vecinos recuerdan también el almacén de abarrotes de "Don Zamora," en la calle Julio de Cordero, donde años más tarde se instalaría por solamente algunos meses (y hasta el día del golpe de estado), la sede del partido MAPU. Allí también había un teléfono, en la época en que no existían los celulares, y donde los vecinos se comunicaban con familiares en casos de emergencia. Un negocio similar estaba localizado en la Avenida Reina de Chile administrado por el recordado vecino Orlando Navarrete, dueño de un hermoso auto antiguo en el que transportaba frutas y verduras desde el campo.

¿Cómo olvidar el mini negocio de la señora Rosa Núñez llamado "Golito," donde vendía dulces, volantines, hilo curado, y refrescos? La famosa librería y paquetería "El Bichito," estaba situada en la avenida El Salto y del que era dueña la recordada señora Josefina Riffo, una de las madrinas de la Tercera Compañía de Bomberos de Conchalí (en esos tiempos "en formación"), que al igual que otros esfuerzos, merece ser reconocida como un ejemplo de perseverancia de los pobladores.

Esta es una historia que merece recordarse.

"Nace la Tercera"

Con la participación de Sergio Carrasco Lara, dueño de la tienda "El Oasis," y Ramón Cornejo, propietario de un taller mecánico; la idea de fundar una compañía de bomberos voluntarios, nace después de uno de los desastrosos incendios que destruyó varias viviendas de familias humildes en la avenida Las Torres.

Como era ya usual, los vecinos acudieron a prestar ayuda a los damnificados y apagar el fuego arrojando agua con baldes y otros recipientes. Sin embargo las casitas provisorias construidas con madera y techadas con fonolitas, ardieron rápidamente. Entre los que intentaban cooperar, estaba un hombre mayor vestido con la cotona de bombero, botas y un casco con el escudo de una compañía de bomberos de la comuna de Santiago. Este trataba obstinadamente de dirigir las maniobras, y con la ayuda de varios jóvenes, conectó una manguera a uno de los escasos grifos del sector para facilitar el transporte del agua. Sin embargo faltaba la presión que proveen los motores de los carros bombas.

Se trataba del Teniente Carlos Rigotti cuya presencia y liderazgo llamó de inmediato la atención de los vecinos, ya que nadie sabía con certeza su proveniencia ni atuendo, ni tampoco las técnicas de los voluntarios que apagaban los incendios.

En esos tiempos no había muchos teléfonos disponibles en el sector, y entre la llamada de urgencia, y el tiempo que les tomaba llegar al lugar del siniestro a los aguerridos voluntarios de la Primera y Segunda Compañía de Bomberos de Conchalí; las modestas viviendas quedaban muchas veces totalmente destruidas, y las familias perdían sus humildes pertenencias, transformándose en damnificadas en medio del invierno santiaguino.

Este hecho produjo una seria reflexión entre los líderes que acordaron así, y esa misma noche, comprometerse a fundar una compañía de voluntarios que estaría situada en el mismo barrio El Salto para que pudiese responder con mayor rapidez a incendios provocados por las peligrosas cocinillas y estufas de parafina Mademsa; al igual que las fallas en las provisorias conexiones eléctricas de los nuevos barrios.

De este modo, y a fines del año 1964, se logran consolidar los planes de formación, y con el generoso aporte de vecinos y comerciantes; se instaló un llamativo lienzo publicitario frente a la tienda "El Oasis" y la tienda "El Bichito," invitando a los jóvenes a integrarse a la naciente organización. Sergio Carrasco entrevistaba a los interesados y evaluaba con sabiduría sus intereses y la motivación de los candidatos.

De acuerdo a los testimonios de Juan Silva y otros miembros del grupo original; esta iniciativa fue fundada con los esfuerzos directos y aportes económicos de connotados pobladores y comerciantes tales como Sergio Carrasco Lara, Juan Corral, Josefina Riffo, Ramón Cornejo, Manuel Vázquez; y la participación de los juveniles voluntarios Silva, Quintero, Mora, Astudillo, Apablaza, Brito, Cabello, y otros idealistas que tuvieron la suerte de recibir su primer adiestramiento de parte del Teniente Carlos Rigotti; ducho en el conocimiento de las trifulcas que se conectaban a los grifos, el uso apropiado de las mangueras y pistones, el subir y bajar las escaleras, el uso de los garfios de demolición, las medidas básicas de seguridad, y las diversas técnicas para luchar en contra del fuego y el humo.

Al comienzo, el proyecto rayaba en lo ilusorio; sino imposible. No había cuartel, carro de transporte, cotonas, ni cascos; pero los aspirantes a convertirse en "caballeros del fuego," tenían que presentarse todos lo días a firmar el libro de asistencia (marcar tarjeta), en lugares de reunión provisorios; usualmente locales comerciales vacíos, que sus dueños facilitaban temporalmente para esta nueva organización del sector.

Después de un riguroso proceso de reconocimiento oficial de la nueva compañía por parte de la Superintendencia de Bomberos de

Conchalí en la que estaba involucrado el regidor Camilo Fontova; se le concedió al esforzado grupo, y un poco a regañadientes; el carácter de "escuadrón de salvataje," que tenía como funciones ayudar al rescate de los bienes de los damnificados, pero con una estricta prohibición de ingresar al lugar de los siniestros.

También se autorizó a los líderes del escuadrón que más tarde sería la futura y gloriosa Tercera Compañía de Bomberos, llevar a cabo colectas y actividades a beneficios estrictamente supervisadas por las autoridades de la avenida Independencia. Así se fue adquiriendo fondos que permitieron la compra de los primeros cascos y cotonas.

"Al que quiera celeste, que le cueste," parecía ser la consigna de la superintendencia que finalmente y gracias a la obstinada labor de persuasión de Sergio Carrasco Lara, Ramón Cornejo, Carlos Rigotti, y los comerciantes y autoridades políticas del Salto; concedió el anhelado título de Tercera Compañía de Bomberos de Conchalí, pero "en formación;" sirviendo al amplio sector de las poblaciones Quinta Residencial El Salto, Las Torres, Población Einstein, y Quinta Bella, aunque en casos excepcionales, debían apoyar a la Segunda Compañía de Bomberos de Conchalí localizada en el barrio Recoleta, o a la "Primera," de Independencia.

Sin embargo, y esta era la broma que circulaba entre los futuros voluntarios, la nueva organización a la que habían ingresado inflamados con idealismo y deseos de servir al prójimo, era como una conocida canción de la época:

"Cuando el torero, salió a la arena,
No había toro, no había arena,
Habían sembrado, los desalmados."

A la par con los trámites y reuniones en que se encontraban enfrascados de una manera incansable los futuros oficiales de la compañía, e integrantes del primer directorio; los voluntarios llevaban a cabo ejercicios diurnos y nocturnos que incluían marchas y adiestramiento con giros y saludos militares; esperando el añorado momento en que desfilarían por la avenida El Salto.

El instructor "militar" fue el ex sargento Bernardo Mora, individuo enérgico, con don de mando, y conocimientos de primeros auxilios; que dirigía los ejercicios nocturnos y las prácticas de marchas efectuadas para curiosidad de los vecinos, en la calle Muñoz Gamero. Mora trabajaba en el hospital psiquiátrico, vivía en la población Quinta Bella y se transformó también en el enfermero de emergencias actuando con notable sangre fría.

Los jóvenes recibían también como parte del proceso de formación, los sabios consejos y el adiestramiento del legendario Teniente Carlos Rigotti, persona afable, paternal, y de un alma generosa. Ya cumplía setenta años.

Poco a poco y nuevamente, con inusitados sacrificios que conoce muy bien el distinguido y veterano voluntario Juan Silva; se adquirió un terreno en plena avenida El Salto, se instala la sirena que anunciaba los incendios, se consiguen las escaleras, ganchos; y finalmente se compró un frágil camión de transporte que había sido en sus buenos tiempos; un vehículo blindado acondicionado por el hábil mecánico y después capitán de la compañía, Don Ramón Cornejo (Q.E.P.D.).

En el invierno de 1965, este primer carro de transporte sufre un accidente, se vuelca, y fallece Astudillo, primer mártir de la compañía, joven idealista, buen amigo, y compañero fraternal en la lucha en contra de los peligrosos incendios donde había cables eléctricos "vivos," y las trampas nocturnas de pozos sépticos abiertos, el calor sofocante, además del humo impregnando de asbesto, agudas planchas metálicas con bordes afilados, el alquitrán de las fonolitas, y las explosiones de tanques de oxigeno.

En el caso de siniestros, sonaba la sirena, el cuartelero conducía el vehículo por la avenida El Salto recogiendo a los voluntarios, o estos llegaban corriendo hasta el lugar del incendio.

"Niños, antes de meterse al inmueble en llamas, recuperen el aliento ya que al respirar aceleradamente corren el peligro de aspirar mucho humo y terminar asfixiados. No se olviden de cubrirse la cara con la toalla húmeda," aconsejaba el Teniente Rigotti que relataba a los voluntarios anécdotas de los tiempos en que participaba apagando grandes y famosos incendios de edificios en el centro de Santiago.

Con sus animados relatos, transmitía su experiencia, además de una preparación moral y profesional.

En esos tiempos los bomberos no contaban con calzado especial, tanques de oxígeno, mascarillas de seguridad, cascos con protectores de la cara y los ojos, o cotonas resistentes al calor cómo los que hay en la actualidad disponibles para los voluntarios que mantienen en alto, el espíritu de sacrificio y la devoción a esta tarea sin retribución monetaria.

Ciertamente una de las satisfacciones morales de los jóvenes, era ser admirados por las buenas mozas del barrio que les aplaudían cuando de una manera marcial, desfilaban por la avenida El Salto con sus cotonas negras, el pantalón blanco de academia, y el casco que llevaba finalmente marcado con letras doradas, el símbolo oficial de la "Tercera Compañía de Bomberos de Conchalí."

Después vendría el carro bomba reglamentario, el casino del cuartel, los dormitorios de la guardia nocturna, un cuartelero que era el único que recibía remuneración; y la satisfacción de haberse ganado el aprecio de vecinos que en las décadas de los años 40,' 50,' y 60,' experimentaban desastrosos incendios que privaron del hogar y sus bienes a cientos de familias que llegaban al barrio.

Los ejercicios y practicas se efectuaban en la Plaza El Salto, lugar donde un hermoso y soleado domingo de marzo de 1975; un poderoso temblor sorprende a los bomberos en plena faena, obligándoles después de pasado el susto; a examinar paredes en peligro de derrumbes.

Según relata una testigo de este hecho, la escena de bomberos vestidos con su uniforme tomados del brazo como en una ronda estática para mantenerse en pie; era como una película surrealista de Federico Fellini, mientras que en medio de una nube de polvo, rodaban rocas por los faldeos del cerro El Carmen, se desmoronaban paredes de pandereta, cientos de jugadores de futbol corrían a sus casas con sus ropas en la mano, y muchas señoras clamaban de rodilla misericordia al cielo.

Una vez más, cualquier empresa o iniciativa comunitaria, fue una fuente de sacrificios que ponía a prueba la perseverancia y el empuje de los pobladores y comerciantes del sector.

La organización de esta compañía de voluntarios, hoy ya establecida en la avenida El Salto, no fue una excepción, y continua siendo una realidad gracias a los esfuerzos de personas como Juan Silva, y Miguel Arcos, entre otros voluntarios, que han servido a la comunidad por casi medio siglo.

Más comercios y el infaltable cine

En aquellos tiempos, el pan nuestro de cada día se compraba en una panadería que aún existe en la avenida Héroes de la Concepción, esquina la calle Venezuela; y a la que llamaban simplemente "la del español;" aunque también era popular otra situada en la avenida el Salto denominada "Don Manuel," también originario de la península, y quizás refugiado político.

En ambas, los vecinos conseguían las marraquetas, los panes españoles, las colisas, repostería y refrescos. Usualmente los trabajadores eran de origen mapuche y desempeñaban sus funciones a tempranas horas de la madrugada.

Frente a este comercio estaba la carnicería "Corral," cuyo propietario era Don Matías, individuo generoso dotado de gran sabiduría y de un justo espíritu comercial.

Por otra parte los indispensables materiales de la construcción en un sector en pleno desarrollo urbano, se adquirían en la ferretería del señor Manuel Vázquez, otro generoso promotor de la tercera compañía de Bomberos de Conchalí.

A fines de la década de los años 40,' se había inaugurado el legendario cine "El Salto" donde exhibían películas argentinas y mexicanas, además de una versión muda de "la Pasión del Señor," y "Barrabás," que hacían llorar a las devotas en aquellos tristes días de semana Santa, cuando las radioemisoras transmitían solamente música "selecta," los niños no podían jugar, y no había fiestas ni malones.

Usualmente y antes de la llegada de la televisión; se presentaban noticiarios cinematográficos seguramente preparados y difundidos por la siniestra Voz de las Américas, que atacaba a Cuba y justificaba con veladas excusas los atentados en contra de los movimientos de liberación latinoamericanos.

En la vereda de entrada al cine, algunos comerciantes vendían empanadas, sopaipillas, "chilenos," pan amasado, y otras golosinas para los espectadores quienes acudían aprovechando los programas especiales de los días sábados con la presentación de "cuatro películas y agregados," y el sistema del "gancho," con una entrada se aceptaba a dos personas.

La sala del cine consistía en una platea, y una modesta galería separadas por una muralla que algunos trataban de cruzar para conseguir mejores asientos. Los "acomodadores," provistos de linternas; eran también los encargados de impedir el traspaso de la muralla y castigaban con insultos y golpizas a los que se atrevían a cruzarla, expulsándolos a patadas de la sala del cine. La misma suerte corrían las parejas que aprovechaban la oscuridad para acariciarse.

Al costado poniente de la sala de teatro que en años posteriores se convertiría en una discoteca; estaba el "Hotel El Salto," cuyo origen, desarrollo y destino final, se desconoce.

Estos cines, centros de distracción y cultura popular; eran parte de una cadena que integraban el cine Recoleta localizado en la calle del mismo nombre, y el Teatro Chile. Los rollos de películas eran trasladados por sacrificados ciclistas de cine en cine, y a los operadores de los proyectores se les denominaba "cojos," recibiendo una lluvia de improperios y amenazas, cuando las películas se interrumpían en forma abrupta dado el excesivo uso, la antigüedad del celuloide, o simple negligencia en el manejo de la proyectora.

En estos casos, los "cojos," también respondían con garabatos e injurias a los impacientes, que entonces protestaban arrojando sopaipillas, humitas, y restos de alimentos a la ventanilla del operador, exigiendo que se les devolviera el precio de las entradas.

En una ocasión, la función tuvo que interrumpirse debido a que unos desalmados asaltaron al ciclista robándole los rollos de las películas.

En ocasiones especiales, se presentaban en el teatro animadas por actores y actrices profesionales, las radionovelas de Arturo Moya Grau que el público aplaudía con entusiasmo, conociendo en persona a quienes estaban detrás de los micrófonos de la Radio del Pacífico.

Los buenos amigos y el centro de madres

Juan recordará que ni él ni sus hermanos tuvieron bicicletas, pero si muy buenos amigos. Gracias a la iniciática comercial de Don Tomás Castro y de su esposa Doña Lucrecia, los niños y jóvenes del barrio podían arrendarlas a un precio módico, al igual que revistas y novelas de moda.

Don Tomás que detrás de su apariencia severa de hombre de negocios tenia un inigualable sentido de humor; contaba con un buen empleo en la Compañía de Cervecerías Unidas de la avenida Independencia; productora de la cerveza Pilsener, la Malta, y los refrescos Bilz y Papaya.

Con generosidad, invitaba a algunos hijos de los vecinos a inolvidables fiestas navideñas, donde éstos podían tomar todos los refrescos que quisieran hasta "enguatarse," comer pan de Pascua, y recibir obsequios.

Su hija María o Marita, se casó con el nortino Reynaldo Bruna, una de las celebridades del barrio ya que jugaba para la rama juvenil del famoso club Colo-Colo, tocaba trompeta y cantaba. Reynaldo también tenía acceso a una filmadora y una proyectora donde mostraba películas producidas por el padre Joaquín, un sacerdote francés, cineasta aficionado; y más tarde famoso pintor que se inspiró en los cerros circundantes al barrio.

Este religioso fue por varios años el cura párroco de la Iglesia Nuestra Señora del Carmen, reemplazando al legendario padre Bernardo Valenzuela, quien además de hacer las misas, era un creativo hombre de negocios, dueño de varias "obras" donde se hacían los ladrillos, base de las casas del sector. El cura montaba caballo y después adquirió una motocicleta alemana para visitar sus empresas que dieron trabajo a muchos vecinos que preparaban el barro, lo ponían en moldes de madera, y los cocían en hornos no muy diferentes a los de España, y o de las culturas aztecas, persas y romanas.

Gracias al Centro de Madres Cooperativa Población Las Torres donde era socia la señora Javiera y una de sus lideres la recordada señora Filomena; los niños del barrio pudieron conocer el mar y pasar una semana en una casa del pueblo costero de Barrancas, aledaño a Llo-lleo y el puerto de San Antonio donde había fábricas de harina de pescado que producían un peculiar olor que se mezclaba con el del mar.

Los veraneantes dormían en camarotes en esta residencia que se denominaba "colonia," y gracias a los esfuerzos de las esforzadas mujeres del Centro de Madres Cooperativa Población Las Torres; la nueva generación, hijos de emigrantes, conocieron por primera vez las azules aguas del océano Pacifico y disfrutaron de las playas y los paseos de las Rocas de San Domingo, y la legendaria estación del tren que llevaba a los residentes de Santiago que podían pagar los pasajes, al hermoso balneario de Cartagena, estación terminal del litoral central.

Los niños y jóvenes viajaban a este campamento veraniego de una manera casi clandestina en un camión alquilado, y cuyo chofer trataba de evitar los controles de los carabineros en una época de luctuosos choque y accidentes en la carretera. El viaje de ida y regreso tomaba horas, pero valía le pena. Los supervisores de estas vacaciones, además de la señora Filomena y los jóvenes de más edad, eran Don Pedro Silva y la señora Elba.

La cuestión religiosa

La mayoría de la población de Chile era en aquellos tiempos católica romana, y en las nuevas poblaciones, solamente los Pentecostales construían poco a poco sus humildes templos. Por las noches y fines de semana, éstos recorrían las avenidas cantando himnos dedicados al Señor, acompañados con guitarras, mandolinas, y bandurrias.

En los llamados "puntos," los pentecostales predicaban y entregaban testimonios de sus vidas "que habían cambiado gracias al Señor," recitando versículos de la primera versión de la Biblia, publicada al castellano en el año 1569 por Casiodoro de Reina y revisada por Cipriano de Valera.

Encuadrada en la tradición protestante de poner las sagradas escrituras al alcance del pueblo; los hermanos "canutos," apelativo colmado de desprecio que se utilizaba en su contra por parte de fieles católicos de una iglesia pre conciliar; eran también conocidos como evangélicos, ya que promovían los Santos Evangelios recitando versículos escogidos y entonando sus salmos.

Sin embargo a comienzos de la década de los años 60,' y cuando los curas aún usaban sotanas; llegan los nuevos tiempos que superan el tenebroso periodo del Papa Pío XII con la asunción del progresista Juan XXIII, y el desarrollo del Concilio Vaticano II, en el que se impulsan cambios y reformas que aún perduran, a pesar del actual resurgimiento de tendencias ultra conservadoras con el predominio nacionalista del Vaticano.

En este ámbito de cambios, la población recibe a la así llamada "Misión," en la que religiosos, seminaristas y laicos llevan a cabo un proceso de animación de la feligresía, identificación de lideres naturales hijos de hogares católicos, e indirectamente creando un nuevo liderazgo que se unirá a los antiguos grupos de la parroquia que estaba localizada al comienzo de la calle Reina de Chile, exactamente al pie del cerro.

Hasta esos años, había sido pastor de la comunidad el sacerdote Manuel Montesinos González, que marcó con sus enseñanzas a toda una generación de jóvenes de la población integrantes de la Confraternidad de la Doctrina Cristiana (CDC) presidida por la joven profesora Elena Giraldelli, y en la que participaban los juveniles catequistas Luis "Chino" Díaz, Hugo Barros, René Toro Saldaña, Waldo Gómez, Antonio Castrillón, Sixto Salazar, Nancy Brito, Orlando Zamorano, Edmundo Aravena, Manuel Ibarra, María Román, Leonel y Carmen Rosa Velázquez, y otros jóvenes del barrio.

Es en este periodo en que se logra adquirir gracias a las colectas, la primera campana de la iglesia, y se intensifica los sábados por la tarde la labor apostólica de los juveniles educadores que adiestrados por Elena, aprendieron las bases de la ciencia pedagógica, los planes de enseñanza religiosa, y la metodología del catecismo.

El catecismo era un libro pequeño con cientos de preguntas y respuestas relacionadas con el dogma de los católicos. Los niños asistían a clases para prepararse para la primera comunión, y posteriormente la ceremonia de confirmación, sacramentos importantes dentro del ritual cuya ceremonia presidía el obispo.

Curiosamente, todavía la Biblia no era el documento más importante en la educación espiritual, y se citaba únicamente en las lecturas de la misa.

En estos años el matrimonio Brito se integra al Movimiento Obrero Adulto Católico (MOAC) de la parroquia Nuestra Señora del Carmen, donde Don Rigo cumplió diversos puestos como líder de comunidades de base del sector.

Simultáneamente y con una admirable energía organizativa, fue un activo integrante y dirigente del Sindicato de Trabajadores y Empleados de los Edificios Renta Urbana, y también dirigente de la Sociedad de Socorros Mutuos Javiera Larraín de Matte.

En la misma época, comienzan a llegar a la parroquia sacerdotes misioneros franceses, estadounidenses y españoles; inspirados en los cambios de reforma espiritual y apostólica establecidos por el egregio Vaticano.

Estos religiosos de otras nacionalidades, importan nuevas ideas, incentivan por primera vez la lectura de la Biblia, y comparten las culturas de sus propios países con los pobladores.

Los recién llegados coinciden, pero no necesariamente coordinados con la Alianza para el Progreso auspiciada y bien financiada por el gobierno de los Estados Unidos; para contrarrestar el pujante movimiento de las fuerzas progresistas a las que inspiró en 1959 la revolución cubana, y en la década de los 60, el ejemplo de curas revolucionarios de la estatura del sacerdote colombiano Camilo Torres Restrepo.

Es también el tiempo en que llegan a Latinoamérica grupos de jóvenes norteamericanos pertenecientes al Cuerpo de Paz, fuertemente infiltrado por la Central de Inteligencia Americana y el Pentágono; interesados en tareas de espionaje de los líderes políticos de los países denominados "subdesarrollados," o en la terminología de los sociólogos de aquella época, "marginados."

En 1964, la parroquia da la bienvenida al sacerdote Roberto Lebegue de la Orden del Prado, con base en la ciudad de Lyon en Francia, reemplazando al sacerdote Manuel Montesinos que posteriormente será parte del movimiento de la Teología de la Liberación, y Cristianos por el Socialismo.

Este recordado religioso arriba a Chile sin saber el idioma español, pero con un intenso afán apostólico. Trajo al barrio el primer mimeógrafo, y nuevos aires de reforma, sin embargo su experiencia personal no dejaba de ser interesante.

Cuando Lebegue era todavía un seminarista en Lyon; comenzaba la segunda guerra mundial con la infame invasión de Francia por parte de las hordas fascistas de Adolfo Hitler.

Los superiores del seminario les ofrecieron a los futuros sacerdotes dos alternativas: o se iban al ejército para ayudar en los servicios de enfermería, o pasaban a engrosar las tropas francesas que intentaron defender su soberanía cuando los alemanes invaden el país, en una maniobra militar masiva, rápida y envolvente.

Lebegue decidió luchar como soldado, y después de la hecatombe que sufren los franceses ante la embestida de los tanques nazis y los aviones que bombardearon a la población civil; es transportado a Inglaterra donde se alista como miembro de la tripulación de un tanque en las columnas blindadas que dirigirá el general Leclerc.

Allí le sorprende el Día "D," cuando un ejército internacional integrado por estadounidenses., canadienses, australianos, franceses e ingleses; cruza el canal de la Mancha, llegan a Normandía, y comienza a recuperar el territorio francés del brutal dominio y ocupación nazi.

El nuevo sacerdote compartió con los jóvenes del sector sus experiencias en el desembarco, y su labor en el interior de un tanque que en esos tiempos no contaba con las comodidades de los nuevos vehículos blindados. El calor y el olor a combustible en el interior del vehículo eran insoportable, el estruendo de los cañonazos estremecedores, y la consigna era que la tripulación no abandonaba nunca el tanque, salvo en caso de incendio.

A sus más allegados, el padre Roberto les relató que casi a fines de la guerra, había caído prisionero, y el día en que se supo la noticia del fin del conflicto mundial; un soldado alemán indignado por la derrota; le asestó sin motivo alguno, un bayonetazo en la pierna que le dejó con una cojera permanente.

Con la fuerza de su voluntad, Lebegue aprende español con acento chileno en la Comuna de Maipú, y además de celebrar misas y recibir el nombramiento de decano de los sacerdotes de otras parroquias, promueve la conmemoración del Primero de Mayo celebrado en la Plaza El Salto, allí donde está el monumento dedicado a Don Dagoberto Godoy, primer aviador chileno que cruzó en una frágil y primitiva nave aérea la cordillera de Los Andes, y uno de los orgullos de la población.

Roberto Lebegue promovió el uso de guitarras para acompañar las misas dominicales con música del conjunto de "Los Perales," e implementó la idea de la promoción social, no cómo un logro individual; sino como una tarea colectiva.

Sacerdotes como Roberto Lebegue renuevan el ritual de las misas, funda las Juventud Obrera Católica y el Movimiento Obrero Adulto Católico, además del Movimiento Corazones y Almas Valientes que agrupó a cientos de niños con la ayuda de los voluntarios y voluntarias María Angélica Álvarez, y los hermanos Leonel y Carmen Rosa Velázquez. Ya los curas se sacan las sotanas, algunos también trabajan en fábricas, además de atender las parroquias, y se produce una corriente de renovación espiritual que lleva a muchos a entender la importancia de la participación política para lograr cambios sociales.

Lebegue, aún cuando era de ideas progresistas, tenía una postura estricta en cuanto a la necesidad de charlas para los padres que deseaban que sus hijos fueran bautizados, y para las parejas jóvenes que deseaban casarse por la iglesia. Eran famosos sus conflictos con los padres Mercedarios de la parroquia de San Ramón, más flexibles en lo de la necesidad de charlas obligatorias.

Este sacerdote a quien la Junta Militar de Pinochet expulsó de Chile después del golpe de estado, tuvo la oportunidad de regresar al país y ejercer sus funciones sacerdotales en Calama. También con su característico dinamismo, promovió la adquisición de un hermoso predio en la playa de Loncura que permitió a niños, jóvenes y adultos disfrutar de los hermosos paisajes del Pacifico.

La tarea de acondicionar el predio le correspondió al sacerdote español Alejandro Hermida, quien con el legendario vecino Don Faustino, un experto en construcción; talaron árboles y cercaron el terreno.

Casi simultáneamente habían llegado al barrio y también como misioneros; los sacerdotes Alejandro Hermida, José Martínez Domínguez, el Padre Matías, y el recordado Padre Jesús Rodríguez Iglesias; una combinación interesante de clérigos de origen gallego y manchego; que hacen un importante aporte espiritual en las poblaciones circundantes a la primera parroquia localizada en la avenida Reina de Chile, y en el moderno templo construido en la década de los años 60,' en la calle Los Molles.

Roberto Lebegue estuvo encargado de organizar la celebración de "la primera piedra," con la presencia del cardenal Raúl Silva Henríquez, y usando el tema "somos piedras vivas."

Cada uno de estos religiosos lleva a cabo aportes importantes no solamente en el área espiritual, sino que en la orientación de la juventud. José Martínez apoya los movimientos juveniles, visita a los feligreses en una anticuada bicicleta, se integra como voluntario de la Tercera Compañía de Bomberos de Conchalí, e intenta vincular a los jóvenes universitarios del sector a tareas en la comunidad, cuestión que no logra debido al paulatino desapego social de sectores intelectuales de la nueva generación de inmigrantes con el barrio y los vecindarios adonde habían llegado sus padres.

Enamorado de las montañas y admirador de la Cordillera de los Andes, el padre "Pepe," organiza jornadas de reflexión y formación en el pueblo de San Alfonso, aledaño a San José de Maipo; que permitieron a los jóvenes familiarizarse con hermosos paisajes andinos que hasta ese entonces desconocían.

En esos tiempos de reforma religiosa, se publicó la Biblia Latinoamericana en un lenguaje más accesible al de la primera traducción llena de arcaísmos que hacían difícil su lectura. También llegan a la población un grupo de religiosas pertenecientes a la Orden del Prado integrado por la supervisora María Noel, y las religiosas chilenas Isabel, Gabriela, y Petronila, quienes serán muy importantes en la vida de muchas familias afectadas por los posteriores cambios políticos del año 1973.

La coexistencia del padre Lebegue con los sacerdotes españoles no fue fácil debido a diferencias irreconciliables culturales y políticas con los religiosos peninsulares, que venían de la realidad fascista de la España del dictador Francisco Franco. Es cierto que ni Hermida ni Martínez compartían las ideas derechistas del Opus Dei, y su ideología era más bien de una iglesia en proceso de transformación y mucho más liberal que la española. Pero el cura francés estaba más imbuido en las ideas progresistas de mundo obrero de la ciudad de Lyon, y la Juventud Obrera Católica; y en un momento dado, la parroquia queda bajo el cuido espiritual exclusivo de los sacerdotes españoles.

Este contacto con sacerdotes extranjeros, proveyó a los pobladores un conocimiento más cercano con otras culturas, e iniciaron las visitas de jóvenes franceses y norteamericanos interesados en conocer más de cerca la realidad de la población. Por supuesto que la casa de Don Rigo y de doña Javiera, abrieron sus puertas a estos misioneros y visitantes interesados en conversar y conocerles. De este modo se produjeron varios diálogos con los franceses sirviendo cómo traductora la hermana Navidad.

Un fenómeno similar de intercambio internacional se produce también en la parroquia San Alberto de la avenida Recoleta, donde llegan sacerdotes estadounidenses de la orden misionera de Maryknoll que apoya a la comunidad de ese sector aledaño al barrio El Salto.

Ya en la década de los años setenta, le corresponderá al Padre Matías y sus hermanas, la tarea de vivir los cambios sociales y políticos del periodo del gobierno del presidente Salvador Allende, experimentar las consecuencias del golpe de estado, y ser testigos de los meses posteriores al 11 de septiembre de 1973, caracterizados por la represión y el acoso por parte de individuos fascistas a los militantes de izquierda.

El sacerdote cuyo estilo no tenia el carisma ni la exuberancia de sus antecesores, predicó con valentía la idea de la "reconciliación," y en ocasiones encaró con el mensaje bíblico a comerciantes que habían participado en la inmoral campaña de desabastecimiento artificial y que cuando podían, insultaban con pullas y burlas a los militantes de izquierda que debían ir a sus farmacias o almacenes para adquirir medicamentos o artículos de primera necesidad.

"Ahora tenemos de todo," decía un farmacéutico de apellido Sepúlveda al día siguiente del golpe de estado, cuando apareció repentinamente la pasta dental, y los remedios escondidos para exacerbar el malestar de los pobladores en contra del gobierno de Allende.

Por su parte, el padre Jesús Rodríguez Iglesias; jugó en la época de los años ochenta, un importante papel como pastor en la parroquia durante los difíciles tiempos de la dictadura, abogando por el respeto a los derechos humanos y arriesgando su propia vida cuando enfrentó pacíficamente y enarbolando la palabra de Dios, a los diabólicos integrantes de la siniestra DINA (más tarde llamada CNI), visitó hogares del sector donde sus moradores habían sido "secuestrados" por agentes de la dictadura que esperaban la llegada de militantes de izquierda en las así llamadas trampas o en el lenguaje del lumpen, las ratoneras.

El joven Emilio Pinto, actualmente cura párroco en Linares, fue uno de los jóvenes inspirados por el ejemplo del Padre Jesús; autor de un conocido libro en que relata su vida como misionero en Chile, y en el que dedica más de un capítulo al barrio El Salto. También se apoyan en su ejemplo, los jóvenes Enrique Brito, Miguel Sánchez, y los recordados hermanos González.

Su testimonio cómo sacerdote misionero, tiene entre otros indiscutibles méritos, el valor de mencionar por primera vez aspectos cruciales de la historia de una población modesta afectada por la represión militar.

Para toda una generación de jóvenes, la experiencia en la parroquia y el contacto con estos sacerdotes y religiosas no fue en absoluto alienante ya que les brindaron una ideología que apelaba a la solidaridad, el respeto al prójimo, y la búsqueda incesante de la justicia social. Muchos de éstos se transforman en líderes políticos que enfrentarán a la dictadura de Pinochet en los 17 años de opresión de la clase trabajadora y de intelectuales de izquierda.

Los jóvenes mentores

Es importante establecer que no todos los niños y jóvenes hijos de emigrantes del sur o del norte nacieron en la nueva población Las Torres.

Algunas familias como las de los señores Pedro Silva, Pedro Núñez, Alejandro Aguirre, José Arcos Pozo, la familia Moraga, Giraldelli, y Juan Parra, entre otros, llegan con niños o adolescentes ya crecidos y constituyentes de una primera generación juvenil, modelos para los que nacerían en la Población Las Torres.

Andrés Silva, hijo de don Pedro y de la señora Elba, se graduó del liceo Valentín Letelier, proseguirá la carrera de química y farmacia, y siendo estudiante daba clases particulares de matemáticas a niños y jóvenes que así lo requerían. De acuerdo a lo que se sabe, él y un hijo de la familia Fuentealba que se graduó de abogado, son los primeros profesionales universitarios del sector.

Francisca Arcos, hija de don José Arcos, se graduó de maestra normalista y estudiaba guitarra clásica. Su hijo José completa sus estudios de la Escuela de Especialidades de la Fuerza Aérea, mientras que Juan Parra y su hermano Orlando, se gradúan de la Escuela Industrial de Conchalí. Los hijos de la señora Luchita Moraga, especialmente Elsita, aportaron a la promoción del folklore y las artes escénicas, mientras que Elena Giraldelli, una profesora normalista, también daba clases particulares de francés y fue líder de la juventud de la parroquia.

Un caso especial son los hijos del vecino Alejandro Aguirre que con su esposa Hilda provenían del Norte de Chile. Los primogénitos, Alejandro e Hilda, promovieron la creación de los Boys Scouts en la población, mientras que los hermanos menores Jorge y Juan, con genialidad y espíritu de progreso, inauguran un gimnasio en su casa y crean un club de lucha libre.

Con otros jóvenes de la Acción Católica de la parroquia; son los coreógrafos de las espectaculares presentaciones del nacimiento de Jesús llevadas a cabo en las faldas del cerro el Carmen, e integraban en ellas a cientos de "actores y actrices," en un evento anual que se hizo una leyenda por su calidad.

Sin una preparación universitaria; estos jóvenes demostraron una genialidad, generosidad, espíritu cívico y destreza, en el caso de Hilda como modista y diseñadora, y Juan, Jorge y Alejandro como artistas gráficos.

El regreso a la escuela

Ya en la década de los años setenta y casi a los cincuenta años, Don Rigo decide ingresar al Centro de Enseñanza/ Federación de Estudiantes de Chile que dirigió por una década, Jorge Recabarren Silva, joven líder universitario, hijo de don Jorge Recabarren y de la señora Valentina Silva, residentes de la calle Julio Cordero Bustamante.

En esta institución, jóvenes alumnos de pedagogía y medicina, llevaron a cabo sus primeras prácticas docentes haciendo realidad las ideas e ideales de reforma universitaria que prevalecieron en la segunda década de los años sesenta, promoviendo la idea de "una universidad al servicio del pueblo."

Las clases tenían lugar los sábados y domingos, y entre los profesores Don Rigo recuerda a los sub directores Monserrat García (Q.E.P.D.) y Alsino Gutiérrez, al Dr. Carlos Calvo que en esos tiempos enseñaba química; a Abraham Cartes, profesor de física; a Margit Luckacs, profesora de Castellano; a Eduardo Murillo profesor de historia; a Jaydee Gutiérrez, profesora de filosofía; a Jaime Moya (Q.E.P.D.) profesor de matemáticas, y a Lida Ramos, la secretaria ejecutiva.

En 1973 y debido a las nuevas circunstancias políticas provocadas por el golpe de estado en contra del presidente constitucional Salvador Allende; esta institución que había hecho realidad el antiguo deseo idealista de los estudiantes de acercar la Universidad de Chile a las necesidades reales del pueblo; se convierte en la Cooperativa Educacional de Trabajadores y de acuerdo a su ex director, la iniciativa proseguirá hasta el año 1977.

El contacto con esta generación de jóvenes universitarios altruistas y entusiastas, dio a Don Rigo una oportunidad única para su desarrolló intelectual y enriquecimiento cultural. Muchos niños y jóvenes inmigrantes del campo, no habían logrado culminar sus estudios de humanidades ya que debieron incorporarse a temprana edad al mundo del trabajo asalariado, por lo cual la labor de escuelas nocturnas y liceos que funcionaban los fines de semana para adultos; ayudaron considerablemente a mejorar el nivel educacional y cultural de personas como Don Rigo.

Este finalmente se gradúa de EDUCOOP, y una de las consecuencias positivas de la sacrificada jornada de estudios que tenía lugar todos los fines de semana; fue el contacto con la poesía a través de su profesora Luckacs a quien posteriormente dedica versos de agradecimiento por sus enseñanzas.

"Maestra:
Piedra de río de aguas cristalinas,
Son tus ojos la esperanza,
En los labios primavera,
Que pronto, muy pronto llega."

Desde entonces comienza a escribir, hace sus tareas despúes del trabajo, y los sábados y domingos va puntualmente a la escuela secundaria, participando de un modo entusiasta en las clases que impartían estos ejemplares maestros a quienes recuerda con cariño.

Jorge Recabarren, carismático líder de esta iniciativa; dijo que del Instituto se graduaron más de 800 estudiantes y muchos de ellos, los más jóvenes, fueron posteriormente a la universidad contándose entre ellos abogados, profesores, y empleados de la administración pública que lograron gracias al Instituto mejores credenciales académicas.

Una nueva generación de líderes

Con el gobierno demócrata cristiano y la creación de la agencia Promoción Popular, las organizaciones de madres, vecinos y jóvenes reciben un mayor impulso ya que se fomentó la creación de asociaciones folklóricas como el "Grupo Manquehue," que vistiendo sus tenidas típicas del campo chileno, daba a conocer los bailes tradicionales y las canciones campesinas.

Al igual que esta agrupación folclórica dirigida por los hermanos Maraboli y Aravena, a lo ancho y largo de Chile surgen cientos de grupos musicales que animarán eventos regionales como los de "Talagante la Capital Folclórica de Chile," y decenas de festivales de la canción como el del Huaso de Olmué.

En esos encuentros folklóricos, los santiaguinos toman contacto con agrupaciones musicales del norte de Chile tales como el recordado grupo "Los de la Costa," integrado por bailarines y músicos de Iquique, entre ellos el conocido artista Eugenio Huanca actualmente arraigado en los Estados Unidos. Ellos trajeron la distintiva música del charango, quenas y zampoñas; y los provenientes de la región sur, la característica música de Chiloé con bailes distintos a las cuecas y las tonadas de la zona central que impresionaban por su versatilidad y colorido.

Hay un redescubrimiento del folklore típico de Chile que poco a poco se impone por sobre la música del neo folklore de los Cuatro Cuartos, Los del Sendero, y las Cuatro Brujas.

En esta época de los sesenta, asoman para quedarse el trabajo de Violeta Parra, el de sus hijos Ángel e Isabel, Rolando Alarcón, y Víctor Jara.

Jara, además de su mérito como cantautor, compone por primera vez canciones dedicadas a las poblaciones que nacen de las "tomas" de terreno, a través de las cuales miles de chilenos consiguen un espacio para construir la casa propia. Sin ser historiador, Víctor rindió un homenaje a los esfuerzos de los nuevos pobladores a través de su poesía y música original.

También se apoyaron las artes dramáticas surgiendo grupos de teatro independientes cómo "Antorcha Juvenil," que dirigía Juan Soto; y el Centro Cultural Violeta Parra que funcionaba en la casa de la familia Araníbal. En ésta residencia se inauguran en el barrio las peñas folklóricas, y se difunde la Nueva Canción, movimiento musical que comienza a coger auge a mediados de la década de los años 60.

Simultáneamente, proliferan los grupos musicales de Rock, tales como "Los Comets" dirigido por los hermanos Sobarzo; y "Los Dracos," cuyo líder era Henry Cabello Herrera (Q.E.P.D.). Estas agrupaciones artísticas interpretaban música de los Beatles, los Beat 4, y los Iracundos, animando los malones y las fiestas juveniles de la población.

En la parroquia Nuestra Señora del Carmen y a través del asesoramiento del sacerdote José Martínez Domínguez y la hermana Noel; toman auge los Movimientos Juveniles con sus secciones masculinas y femeninas, vitales en la formación moral de cientos de jóvenes y jovencitas, hijos de los que emigraron al sector a fines de la década de los años 40.'

En esta época se popularizan los "centros culturales," y los "Tele Clubs."

En la opinión de muchos de los que participaron en esta nueva ola de crecimiento cívico y organizativo, el apoyo de Promoción Popular no fue necesariamente un vehículo de adoctrinamiento político a favor del gobierno demócrata cristiano, ya que los "promotores," que en el caso del barrio El Salto eran Pepe Armijo, Nury Ramos, Victoria Videla, Sergio Aceituno, la periodista Gabriela Videla; y otros expertos en trabajo de grupos y desarrollo comunitario; jugaron un papel imparcial apoyando las iniciativas juveniles, pero sin sacar provecho político de las organizaciones.

Fue así como se consiguió apoyo para publicar boletines informativos para los que se utilizaban los mimeógrafos de Promoción

Popular y de la escuela de Trabajo Social de la Universidad de Chile. Se buscaba la apertura de los medios de comunicación social para informar a través de la radio, la televisión y la prensa acerca de estas nuevas iniciativas juveniles, de los centros de madres, y de las juntas de vecinos; y se proveían recursos para que los nuevos líderes llevaran a cabo jornadas y conferencias de coordinación efectuadas exitosamente en casas de retiro de Peñalolén, San Alfonso, y Padre Hurtado.

Del mismo modo la escuela de Trabajo Social de la Universidad de Chile y su Federación de Estudiantes, apoyaron al movimiento juvenil de la zona, ayudando a publicar afiches acerca de eventos, y brindando jóvenes voluntarios que apoyaron otras iniciativas de promoción y desarrollo.

En esta dinámica amalgama de organización social respaldada por la Ley de Juntas de Vecinos, los jóvenes encuentran un vehículo de expresión y reconocimiento legal. Por otra parte, varios jóvenes descubren a través de estas actividades una motivación vocacional que les impulsa a ingresar a carreras relacionadas con trabajo social, periodismo o pedagogía.

Este talento natural y el deseo de encontrar avenidas profesionales en los medios de comunicación se ilustran muy bien en el caso de Patricio Villanueva y Felicindo Vizcarra (Q.E.P.D.), quienes iniciaron su incursión en la radiotelefonía a través de mini programas de noticias de la comunidad insertados durante la transmisión radial directa del Rosario en la parroquia desde los padres Recoletos; y más tarde con un programa semanal independiente llamado "Su Informador Comunal."

De esta generación de jóvenes surgen animadores y locutores que coordinan los festivales y eventos culturales, y otros que proveyeron el conocimiento técnico para ayudar con los trabajos de iluminación y sonido de peñas folklóricas, y del "Festival de la Canción Invierno/Primavera," celebrado en el mes de agosto con el apoyo de la industria Aislapol.

Este fue el caso de Rolando Zamorano y Orlando Mella que también se destacan en la organización de eventos tales como la "Semana de la Juventud," celebrada en el mes de septiembre, y la Semana del Trabajador, efectuada en el mes de mayo.

Interesados en esta experiencia de organización juvenil en El Salto; profesores universitarios y personalidades internacionales, proveen charlas gratuitas acerca de temas que interesaban a la juventud de esa dinámica e inolvidable década. Fue el caso del profesor de psicología, Sr. Gamonal, entre otros intelectuales que dieron conferencias y animaron talleres de formación.

Juan, el hijo mayor de Don Rigo, comienza a estudiar Trabajo Social, y combina sus clases con las actividades de la Agrupación Juvenil de El Salto a las que sus padres y hermana Teresa apoyan incondicionalmente.

La bella época

A fines de la década de los años 60,' se intensifica la actividad política partidista y el tejido social y cultural existente en la población, comienza a reflejar lo que sucedía en el país.

Al igual que en todo Chile, se produce una polarización de fuerzas políticas que finalmente culminan con la elección, el día cuatro de septiembre de 1970; del candidato socialista y líder de la Unidad Popular, doctor Salvador Allende.

Antes de su ascenso oficial al poder, grupos extremistas de derecha intentaron secuestrar al general Schneider, jefe del ejército, pero en el intento le asesinan; anticipando de este modo las intenciones de la derecha económica y de la oligarquía de impedir a como diera lugar, el gobierno del presidente electo.

Este finalmente recibe los símbolos del poder de manos del ex presidente Eduardo Frei Montalva, cuyo partido demócrata cristiano, le otorga los votos en el Congreso Nacional, para su confirmación como presidente. Allende y la coalición de la Unidad Popular tuvieron que aceptar previo a este apoyo, las llamadas Garantías Constitucionales, compromiso político del nuevo gobierno de respetar a la oposición.

A estas alturas y en el lenguaje de la primera generación de hijos de inmigrantes, se había hecho familiar la idea de una necesidad urgente de "cambios en la estructura social y económica en Chile," y de este modo con el nuevo gobierno, se intensificó en el campo la reforma agraria iniciada por Frei y caracterizada desde el inicio de su implementación, por los violentos enfrentamientos entre los dueños de extensas propiedades del agro y los campesinos.

Al mismo tiempo aumentan alrededor de Santiago las tomas de terreno que hacen realidad el sueño de la casa propia de una nueva generación, mientras que el gobierno da más poder a los trabajadores en las industrias intervenidas y estatizadas; acentuándose en lo cultural, el movimiento de la Nueva Canción Chilena, la publicación de libros, periódicos y revistas a través de la editorial Quimantú, el fomento de peñas folklóricas; y los trabajos voluntarios en campos y poblaciones por parte de jóvenes universitarios.

Promoción Popular es reemplazada por la Oficina de Desarrollo Social, y el liderazgo juvenil ya en edad de votar, comienza a participar en diversas organizaciones políticas.

Todo este proceso de cambio sucede rápidamente, y entre los años 1970 y 1973, surgen en el barrio grupos de canto que interpretan temas originales dedicados a los trabajadores y campesinos, destacándose en este esfuerzo el conjunto Apurimac que dirigió Juan Droguett y que integraban su hermana Anita, el primer guitarrista Fernando Fuentes, Carlos Riquelme, Juan Brito, y en ocasiones Edmundo Aravena.

El conjunto participa en eventos sociales y políticos presentando temas cómo "Canto a ti Obrera," y "Te he encontrado," que son enviados a los festivales de La Nueva Canción y la sección folclórica del de Viña del Mar. Resaltaba en estas presentaciones la voz de Anita Droguett que logra el prestigioso premio de la mejor voz femenina en el festival "Talagante la Capital Folklórica de Chile." El conjunto lleva a cabo giras a Osorno y Puerto Montt, y se presenta en el Teatro Caupolicán ante más de 10,000 espectadores. Su última actuación, que incluyó temas originales de Peralta y Brito; tuvo lugar dos semanas antes del golpe de estado en el Estadio Chile, que después se transformó en un centro de detención, tortura y ejecuciones.

Al momento del inicio de la siniestra dictadura, el conjunto preparaba la grabación de un disco larga duración en los estudios de la Radio Cristóbal Colón, proyecto que cómo muchos otros, no se hizo realidad debido a la censura. Entre 1973 y 1975, el conjunto cambia de nombre y participa en los eventos folclóricos que se podían realizar, contando siempre con los arreglos musicales y de voces de Juan Droguett.

También logra notoriedad nacional el grupo "Los Mirleños," que integraba el recordado compositor y cantante de la calle Einstein, "Negro" Rodríguez (Q.E.P.D.). Este conjunto graba varias canciones originales logrando renombre nacional. Se presentaron en las peñas folclóricas de la población que se efectuaban en la sede social del club deportivo Einstein y la escuela Francisco Bilbao, y pusieron en contacto a los jóvenes del barrio con figuras renombradas de la Nueva Canción tales como Rolando Alarcón, Nano Acevedo, y Víctor Jara de la Peña de Los Parra.

Fue el hermoso tiempo de los anticuchos, el vino navegao, y las empanadas que caracterizaban estos encuentros donde se divulgaba la nueva canción y los temas originales de los jóvenes compositores.

El último año

La población Las Torres, un microcosmos de lo que sucedía en Chile; no era ajena a los acontecimientos nacionales y a la dura lucha política que se desarrolla en el país provocando en tres años un quiebre vertical y horizontal en la sociedad.

A las iniciativas políticas y sociales del gobierno de Allende y de la Unidad Popular representadas en las "40 medidas," se les enfrenta un bloque político integrado por la democracia cristiana, el partido nacional, y en su extremo; grupos neo fascistas tales como Patria y Libertad dirigido por Pablo Rodríguez; además de conspiradores de tendencias nazis insertados en las fuerzas armadas, especialmente en la Marina.

En ese periodo y con el apoyo de la Central de Inteligencia de Estados Unidos, comienzan a actuar desde las sombras el agente Michael Townley y su esposa Mariana Callejas; culpables antes y después del 11 de septiembre de 1973 de actos terroristas, y posteriormente de asesinatos políticos de los exiliados en el extranjero tales como el ex canciller Orlando Letelier, Bernardo Leighton, y el general Carlos Prats y su esposa.

Aun así, la Junta de Vecinos de la Población las Torres y la Sociedad de Socorros Mutuos continúan funcionando en el nuevo contexto de la campaña de desabastecimiento artificial creada por los opositores al gobierno que obliga a las autoridades a la creación de la Junta de Abastecimiento y Control de Precios.

Se multiplican los grupos políticos que integran jóvenes y adultos. A las antiguas células del Partido Comunista cuyo líder era el compañero Gutiérrez y su esposa Alda, se suman grupos del Movimiento de

Acción Popular Unitaria, núcleos Socialistas, la Izquierda Cristiana, y células del Movimiento de Izquierda Revolucionaria.

Por la derecha, algunos jóvenes integran el grupo de choque Rolando Matus, Patria y Libertad, y grupos anti comunistas; pero muchos otros se integran a las brigadas Elmo Catalán y Ramona Parra, del partido socialista y comunista respectivamente.

Las tensiones sociales se agudizan con la así llamada huelga de los transportistas que de hecho dirigían tras bastidores los dueños de los vehículos con apoyo de la CIA, y el conflicto artificial provocado por los privilegiados trabajadores del cobre. Paralelamente se produce la toma de recintos universitarios por sectores de estudiantes derechistas que comienzan a recibir el apoyo de sujetos que ya portaban armas de fuego y disparaban en contra de los militantes de izquierda.

Se intensifica la lucha en las calles entre los neo nazis de Patria y Libertad, y los jóvenes que apoyaban al gobierno del presidente Allende, condenado al fracaso por las acciones criminales de Henry Kissinger, y los designios de Richard Nixon que dan la luz verde al golpe de estado.

Para el gobierno republicano de ese entonces, involucrado en la guerra fría que dividió al mundo en el campo soviético y el norteamericano; el ejemplo de Chile constituía un modelo político y social inaceptable ya que podría promover el nacimiento de otros regímenes críticos a la acción internacional de los Estados Unidos y de sus aliados.

Estas fuerzas siniestras foráneas estaban decididas a eliminar a sangre y fuego las experiencias socialistas.

Así, en 36 meses, la historia de Chile da un vuelco que aunque inesperado por la brutalidad de los que destruyen el tejido social democrático, era previsible; dada la abierta intervención norteamericana en alianza con representantes de la oligarquía tales como Enrique Edwards, propietario del diario El Mercurio; y sectores de las fuerzas militares que comienzan a abandonar la doctrina constitucionalista en la que creía el general Carlos Prats, y el asesinado general Schneider. En esta pugna interna intervienen agentes extranjeros y golpistas de la estatura de Roberto Vieux Marambio, que bajo el gobierno demócrata cristiano; intentó desatar un pronunciamiento militar en el regimiento blindado "Tacna."

En el barrio El Salto, organizaciones de suboficiales retirados del ejercito, comerciantes inescrupulosos promotores del desabastecimiento artificial de artículos de primera necesidad; e integrantes de Patria y Libertad; inician labores de vigilancia, seguimiento, e identificación de lideres de izquierda que más tarde servirán a los funestos propósitos de exterminio de lideres de izquierda por parte de la tenebrosa DINA, el Comando Conjunto, y la CNI.

El golpe de estado del martes 11 de septiembre de 1973 no constituye en ningún caso una sorpresa para los pobladores, trabajadores y campesinos de Chile. Las tensiones internas en la sociedad y la clara vocación golpista de la derecha, se vieron claramente reflejadas en un hecho histórico acaecido el domingo 9 de septiembre en la plaza de la Población Quinta Residencial El Salto.

La coalición política demócrata cristiana representada por los oradores Blanca Retamal y Ramón Elizalde Hevia, acompañados por el de la derecha golpista, el matón Onofre Jarpa; hacen un llamado abierto a un golpe de estado, e incluso Jarpa pronostica que Chile vivirá en una semana más "un feliz 18 de septiembre libre del marxismo."

Para buen entendedor, pocas palabras.

La demostración efectuada con un apoyo "preventivo" de pistoleros, fue para los pobladores el claro anuncio de la conspiración. Sin embargo aunque se sabía que el intento de golpe de estado era ya una realidad, nadie preveía el monstruoso alcance de la represión desatada por las fuerzas armadas en contra del propio pueblo de Chile, y la utilización de soplones, sicópatas y delincuentes a sueldo que se hicieron cargo de torturas, allanamientos y asesinatos todavía impunes.

Entre muchos de los sucesos que comienzan el martes 11 de septiembre, es representativo el caso del profesor Bolívar Vázquez, escritor y activista por los derechos ciudadanos, cuya desgracia es un ejemplo de la fractura social y los atropellos que produce el golpe de estado.

Bolívar, hijo de un activo militante anarco sindicalista; había elegido la carrera de pedagogía, y enseñó por algunos años en la escuela

Consolidada El Salto, hasta que la dictadura de Pinochet a través de un sujeto llamado paradojalmente "Ángel," le expulsó de su trabajo en octubre de 1973 por ser militante del partido Socialista y haber viajado a Cuba.

Tal como sucedió en casos semejantes, de nada valieron los excelentes antecedentes ni la capacidad del "exonerado político."

Ese director de la escuela Consolidada, inflado con el poder impuesto por la autoridad militar y decidido a purgar a quienes se oponían a su estilo despótico; llegó una noche hasta el hogar de Bolívar donde éste se encontraba enfermo, y acompañado de un oficial de ejército con pistola al cinto nombrado por la Junta de Gobierno como "interventor" de las escuelas del sector; procedió a entregarle el finiquito de trabajo que impidió a este joven desempeñarse en la labor que adoraba: la educación de los jóvenes de su propio barrio.

El nombre de Bolívar y otros profesionales progresistas, pasan en 1973, a ser parte de las "listas negras de la dictadura" que condenaron al genocidio económico a centenares de miles de trabajadores chilenos que debieron salir del país como refugiados, victimas de la persecución laboral, y que tuvieron que exiliarse en Canadá, Argentina, Perú, Ecuador, México, Australia, y en los Estados Unidos. Algunos que jamás pensaron que la dictadura duraría 17 años, murieron de tristeza en el exilio, y muchos jamás regresaron, ni regresarán a un país que aún les niega el derecho a votar desde el extranjero.

Sujetos resentidos como "Angel," ayudaron en escuelas, liceos y universidades a facilitar la labor de persecución de parte de la dictadura militar de Pinochet; identificando como terroristas, sindicalistas o "políticos," a personas progresistas o a enemigos personales, a quienes su mera presencia y capacidad acomplejaban.

Bolívar será recordado como uno de los primeros hijos de los pobladores que llegaron en el año 1948 y que falleció prematuramente debido a la persecución de la Junta, además de los problemas personales derivados de la opresión y el terror dictatorial. Le sobreviven su hermana Volterina y Lautaro, cuyos nombres son el legado de un vecino anarquista que rindió homenaje en sus hijos, a Simón Bolívar, al líder Mapuche Lautaro, y al filósofo Voltaire.

A partir del 11 de septiembre de 1973, los esbirros de Augusto Pinochet y sus secuaces de la Dirección de Inteligencia Nacional, más tarde llamada CNI; arrestan ilegalmente, torturan y asesinan a dirigentes y militantes de los partidos comunista, socialista, de la izquierda cristiana, del MAPU, del partido demócrata cristiano, partido radical, lideres de organizaciones campesinas, estudiantiles y sindicatos, líderes mapuches, además de sacerdotes y monjas católicas progresistas, creyentes y practicantes de la Teología de la Liberación.

El golpe de estado del 11 de septiembre de 1973; sorprende a Don Rigo en el hospital recuperándose de una grave operación que le tuvo al borde la muerte. Su familia fue también afectada por el genocidio económico, político y laboral impuesto por la dictadura militar, y una vez que retornó a su trabajo en el edificio de Phillips 40, sostiene con esfuerzo y aún convaleciente a su hogar, ya que sus hijos mayores Juan y Teresa fueron también despedidos de sus empleos por estar vinculados a sus sindicatos y a partidos políticos de la coalición Unidad Popular.

Son años difíciles para doña Javiera y Don Rigo ya que la familia fue también afectada con el exilio de su hijo mayor, y los abusos de la dictadura que incluyeron la desaparición del sobrino Rigoberto Brito, hijo de su hermano Gerardo; en circunstancias aún no esclarecidas, como es el caso de otras miles de personas que fueron arrestadas por la policía secreta de Pinochet y de las que nos se ha vuelto a saber.

Años más tarde su hijo Enrique debió también exiliarse en España donde prosiguió sus interrumpidos estudios universitarios. Este deja el país debido a la persecución en su contra, por apoyar a las fuerzas políticas opuestas a la dictadura de Pinochet.

En ese funesto periodo de terror e inseguridad ciudadana, familiares de Don Rigo en el sur del país, sufren también los efectos de la persecución que obligó a varios de sus sobrinos a exiliarse en Canadá, y Suecia.

Algunos de éstos, habían llegado a Santiago en esos tenebrosos meses finales de 1973, en busca de refugio y orientación, escapando de la sangrienta persecución militar en la provincia de Malleco, y de las ejecuciones sumarias en contra de detenidos en las cárceles de la zona de Angol, San Javier y Concepción.

En octubre de ese fatídico año, el siniestro general Arellano, secuaz de Pinochet, viaja con un grupo de oficiales en un helicóptero que se detiene en varios regimientos de provincia para torturar y asesinar de un modo satánico, a víctimas ya juzgadas a las que en ocasiones se enterró clandestinamente en el desierto, o se arrojó a la boca de los volcanes o al mar, en una maniobra canalla que intentaba encubrir los crímenes.

Los crímenes de la "caravana de la muerte," demuestran la demencia con que actuaron estos individuos, y sus tendencias asesinas descontroladas, tales como las del guatón Romo, y otros delincuentes reclutados por los servicios secretos para cometer violaciones, torturas, y apremios ilícitos a la ciudadanía.

La llegada a Santiago de esos muchachos sureños idealistas en una desesperada busca de ayuda; era paradójicamente una segunda emigración forzada a la capital de miembros de las familias Figueroa, Brito y Gatica, que como en el pasado, se produce por razones ajenas a su voluntad.

Resultaba interesante observar de un modo retrospectivo cómo simultáneamente la nueva generación de la familia tanto en Santiago como en el sur, apoyó al gobierno del presidente socialista Salvador Allende, y pagaba entonces las consecuencias por su actitud de lealtad y apego a principios solidarios, y de apoyo al proletariado del campo y de la ciudad.

Don Rigo se reincorpora en esos tiempos de necesidad e inseguridad colectiva a las actividades de su parroquia en los servicios de Ayuda Fraterna para asistir a vecinos afectados por la cesantía política y la crisis económica. Continúa escribiendo su poesía, mosaico de sus recuerdos de la infancia, sus experiencias, y esperanzas.

En algún momento en la década de los ochenta, pensó publicar su historia que dictó parcialmente a sus hijos. Aunque escueto en palabras, su buena memoria y deseos de comunicar, ayudaron a recopilar y ordenar sus vivencias.

Fueron también años difíciles para la señora Javiera que después del golpe de estado debía limpiar casi a diario la pared del frontis de su casa donde aparecían las palabras "comunistas," y otras extrañas marcas hechas durante el toque de queda. Eran los funestos tiempos del estricto control de los "desplazamientos nocturnos," y del estrangulamiento de la democracia.

Por las noches los helicópteros militares sobrevolaban la población, y los camiones o camionetas militares procedían a efectuar arrestos, o llevaban a cabo violentos allanamientos.

El barrio El Salto no fue una excepción a la acción terrorista de estado, y a través de rumores y de escuetos mensajes; los vecinos se enteran de la "desaparición" de los hermanos y dirigentes comunistas Ricardo y José Weibel Navarrete, víctimas de los sicarios del "Comando Conjunto."

Es en esos tiempos de angustia, impotencia y seguridad, donde Don Rigo es un importante apoyo moral para sus hijos. Juan y Teresa están sin trabajo; y a Enrique, se le obliga a repetir un curso de humanidades en el Liceo Valentín Letelier, por negarse a cantar la infame tercera estrofa impuesta por la Junta, que mancillaba así el himno nacional de Chile.

Juan que trató de interceder por su hermano, se entera que quien impuso la sanción de repetir el curso, había sido un ex compañero de apellido Silva que era inspector de ese liceo.

El invierno de 1974 fue amargo ya que escaseaba el dinero y Juan trata de encontrar trabajos esporádicos en contabilidad, construcción, como tutor, y profesor a tiempo parcial del D.U.O.C. de La Cisterna y Peñaflor. Tanto a él como a otros trabajadores sociales, el gobierno le niega ejercer su profesión. Su diploma de graduación lleva la fecha ocho de mayo de 1973.

"Si me llego a demorar unos meses, pierdo la carrera," dijo a su padre, relatando lo que sucedió a seis estudiantes cuya tesis de grado fue considerada después del 11 de septiembre como "política" e inaceptable, por parte de la señora Pilar Alvariño, la nueva directora de la escuela de trabajo social, impuesta por la Junta de gobierno y los interventores militares.

Juan intenta iniciar una práctica privada, pero las iniciativas fallan debido a la falta de dinero para arrendar una oficina. Finalmente en octubre de 1974, tiene la suerte de ser contratado por el Padre Esteban Gumucio de la orden de los Sagrados Corazones, para ser trabajador social en la parroquia San Cayetano de La Legua, y apoyar la creación de las Bolsas de Cesantes que intentan ayudar a trabajadores sin empleos a conseguir trabajos esporádicos y recibir apoyo moral.

Posteriormente es contratado para trabajar en la Oficina del Comité de La Paz de la comuna de San Miguel, ejerciendo como trabajador social clínico, apoyando a esposas, madres, o hermanas de personas desaparecidas o asesinadas por los sicarios de la Junta. Era un trabajo no exento de riesgos ya que a los pocos días de asumir su empleo "desaparece" el director de la oficina y debe quedar a cargo de un trabajo que es vigilado por los agentes del gobierno.

Llega así el año 1975 que no trae buenas noticias. Don Rigo sufre otra recaída de una condición estomacal, y su amigo de la infancia, Jorge Recabarren, también "desaparece," secuestrado por el sicópata "Guatón Romo," y una patrulla de torturadores y asesinos.

Jorge fue arrestado con un grupo de estudiantes del Instituto Pedagógico que intentaban reorganizar el movimiento universitario. Todos fueron torturados y "desaparecidos."

El primero de mayo de ese mismo año, se publica por primera vez en la zona sur de Santiago, un Manifiesto de los Trabajadores, y ejemplares de un boletín clandestino llamado "El Puelche," que abogan por la restitución de la democracia y el respeto a la organización de los obreros, y el regreso a la democracia.

Antes de que los servicios de inteligencia del gobierno pudiesen detener su distribución, el documento y el boletín llegan a miles de personas y las sospechas del gobierno apuntan hacia sacerdotes, monjas y laicos de la iglesia católica de la zona sur de Santiago, muchos de los cuales son arrestados, "desaparecidos," y sometidos a vergonzosas flagelaciones.

Un domingo de ese fatídico mes, el Obispo de la zona, Monseñor Ferrari, aconsejó telefónicamente a Juan que no regresara a la oficina de la calle Gran Avenida, ya que los trabajadores sociales del Comité de la Paz habían sido arrestados y acusados de ser parte de la publicación o distribución de propaganda marxista. Los esbirros del dictador decían que varias parroquias habían facilitado los mimeógrafos y el papel para producir las publicaciones, y de colaborar con los "comunistas" y "políticos."

El hijo mayor de Don Rigo debe entonces abandonar la casa paterna, pierde su último trabajo como asistentes social, y vive los últimos meses en otra comuna de Santiago. Individuos desconocidos que viajan en automóviles blancos, van a preguntar por él, y finalmente llega la triste decisión de viajar al extranjero. Este es un golpe fuerte para Doña Javiera, Don Rigo, y la familia, quienes solamente pudieron despedirse del hijo mayor en el mismo aeropuerto ya que se desconocía lo que podría suceder.

Algo semejante ocurre a Enrique que también tiene que exiliarse después de haber sido detenido varias veces por participar en marchas de protesta y demostraciones en contra de la Junta, tanto en la universidad, como en el centro de Santiago.

Desde la distancia hay intercambio de cartas, casetes, y fotografías. El dinero llega a través de amistades que viajan desde los Estados Unidos, trayendo noticias del viajero que se ha involucrado en actividades de solidaridad con el pueblo de Chile desarrolladas en Hartford, Boston, y Nueva York donde se han radicado más de 250 chilenos refugiados políticos con sus familias.

Mientras en Chile se reorganiza la lucha por la democracia y el fin de la dictadura, en todos los países del mundo donde han llegado refugiados, se llevan a cabo demostraciones en contra de Pinochet y la Junta, cada 11 de septiembre de conmemora la muerte de Salvador Allende, se denuncian los crímenes de la dictadura, efectuándose actividades de solidaridad y peñas folklóricas en la que los refugiados recuerdan a su patria y reciben noticias del país lejano.

Juan también informa a su familia través de casetes acerca de sus estudios de post grado, y su trabajo como organizador de la comunidad en una agencia de servicios sociales, localizada en el barrio afroamericano y puertorriqueño de su nueva ciudad en la que conoce a Rebecca, que será su esposa.

El hijo mayor de Don Rigo regresa por poco tiempo a Chile en julio de 1980, y tiene la oportunidad de votar en el fraudulento plebiscito organizado por Pinochet para aprobar la nueva Constitución de Chile. La posibilidad de encontrar un trabajo y regresar al país, se hace más difícil ya que continúa la represión, las listas negras, y los asesinatos, y debe volver al extranjero, de donde podrá regresar solamente en 1987.

En 1988 es enviado como observador internacional a Chile representando al sindicato de maestros de su ciudad, con un grupo de educadores de Estados Unidos y Canadá que colaboran supervisando el proceso que afortunadamente y gracias a la organización de los chilenos opuestos a la Junta, derrotan la propuesta de Pinochet de permanecer ocho años más en el poder.

Con el retorno a la democracia, los viajes del hijo mayor son más frecuentes, pero la salud de la señora Javiera se ha quebrantado después de tantos años de desgracia.

¡Leños de llamas vivas!
Que dan la luz a los ojos el alma,
De ellos vienen los recuerdos,
Del mucho peregrinar por la vida,
Cual entorchas encendidas.

En la madrugada del 29 de diciembre de 1995, doña Javiera muere a los 74 años, asestándole a Don Rigo un duro golpe moral después de casi cincuenta años de matrimonio. En 1968 había perdido a su quinto hijo que se llamó Víctor Patricio, fallecido a los pocos días de haber nacido, dejando una cicatriz profunda en sus recuerdos. La muerte de la ejemplar madre, abuela y dueña de casa impacta a la familia y a los vecinos.

La muerte de Doña Javierita se produce, poco después del fallecimiento de su vecina y amiga por casi medio siglo, la "comadre" Claudina de Arévalo; con quien compartió una amistad fraternal y un apoyo inquebrantable en los tiempos de crisis y desgracias.

En sus últimos años, había sufrido una dolorosa afección a la rodilla que limitó en parte su capacidad de caminar y dar paseos con su esposo en la hermosa "Vuelta de la Herradura," donde hasta los años ochenta prevalecía el ambiente campesino enmarcado por los cerros y la presencia imponente del Manquehue.

En su funeral al que acudieron los integrantes de las sociedades mutualistas con sus estandartes, muchos vecinos dieron testimonio de los valores de esta exiliada del sur que dedicó su vida a la familia, y que fue finalmente abatida por un traicionero cáncer que acabó prematuramente con su existencia en un doloroso lapso de nueve meses. Un año antes, su hijo mayor la había casi convencido de viajar con Don Rigo a los Estados Unidos, pero la enfermedad truncó esos planes.

A pesar de venir de la región de mayor producción vitivinícola de Chile, la señora Javierita nunca bebió, no era amiga de las fiestas y fue la espina dorsal del hogar que había formado con Rigoberto en 1946. En compañía de su hijo Enrique y de Don Rigo; habia viajado por su tierra natal, y se alegró de ver a sus familiares en San Javier, Villa Alegre, y otros hermosos lugares de su tierra.

Siempre dijo que tuvo el agrado y privilegio de ayudar en la crianza de su primer nieto Daniel, hijo de su hijita menor Javiera y del señor Cristian Navarro. Daniel es actualmente un profesional que se graduó de la Universidad de Santiago y que siempre la recuerda con cariño. Posteriormente y a un año de su muerte nacen Pablo, y Javierita, hijos de Javiera y de Don José Salgado. También alegra a la familia el nacimiento de Javierito; hijo de su hijo Enrique y Ana María Parra.

El nacimiento de estos nietos, ayudó a la familia a superar en parte el dolor de la partida de la señora Javierita; y son un reconocimiento a esta mujer luchadora que sin ser líder, colaboró y fue parte de organizaciones como el Centro de Madres Cooperativa Población Las Torres, y una activa y fiel apoderada de su hijo Juan, muy involucrada en las actividades del Centro de Padres y Apoderados del liceo Valentín Letelier.

Fue también la madrina honoraria de la organización juvenil AJUSA y con cariño los entusiastas jóvenes de los años sesenta, la llamaban "la mami," apreciando sus consejos y apoyo.

Doña Javiera asistió con orgullo a las graduaciones de educación superior de sus cuatro hijos y para ella fue la coronación de sus anhelos como madre.

"No te quiebres, dolorido corazón,
Si unas lágrimas brotan,
Y ruedan por mis mejillas.
Son como gotas de rocío,
Al ser entibiadas por el sol."

Por su parte, y a los 90 años, Don Rigo continuaba hasta hace unos pocos meses trabajando en los edificios de la Renta Urbana, ha sido entrevistado para revistas y periódicos de Santiago, algunas de sus poesías fueron publicadas en Connecticut, USA, y Puerto Rico, o leídas en la Radio Chilena. Ahora ya no escribe, pero dicta a sus hijas poemas que lee en la organización de Adultos Mayores de la población. Habla diariamente con sus nietos y nieta, y mantiene un contacto telefónico con su hijo Juan.

Sus hijos reconocerán siempre su esfuerzo y cariño, y las características más notorias de su carácter que son mantener la calma frente a situaciones críticas, su prolijo cuidado en el vestir, y el ahorro de palabras.

En 1992 viajó a los Estados Unidos para visitar a su hijo mayor, conoció la ciudad de Nueva York, asistió a una conferencia de educadores en Washington D.C., y fraternizó con las comunidades Chilena, Portuguesa y Puertorriqueña de Connecticut.

Continúa siendo un profundo enamorado de Valparaíso, puerto que recuerda desde sus inolvidables tiempos juveniles en la marina de Chile, y por supuesto el pueblito de Los Sauces, que dejaría para siempre, una noche inolvidable en que "no había luna."

Ha visitado su pueblo natal, Los Sauces, pero en ochenta y dos años todo ha cambiado, los esteros que conoció han desaparecidos, las lomas en las que jugaba con sus hermanos ya no existen debido a las inundaciones y terremotos, pero reconoce que aún está el aroma del campo que dejó cuando tenía ocho años, y los sonidos que emanan el movimiento tibio de los álamos, las araucarias, los sauces, las acacias, y el cantar de los pajarillos.

Siempre está dispuesto a volver a su tierra y visitar a los descendientes de su familia; entre ellos a su sobrino Gerardo Brito que fue director de una escuelita rural en la misma región donde nació Don Rigo y sus hermanos.

Anunció que se jubilaría este año, pero está involucrado en organizaciones de adultos mayores y en la parroquia. Le encantan los paseos a sectores rurales de la zona central, y disfruta día a día de la compañía de su yerno José Salgado, su hija menor Javiera, y sus sobrinos Daniel, Pablo y Javierita. También recibe las frecuentes visitas de su hija Teresa, Victor Patricio, y Enrique, y de su nieto Javierito y Miguel Angel. A veces recordando su existencia de casi noventa años, ha admitido que cometió errores, pero quién no los haya cometido, "que lance la primera piedra."

"Si de una roca solitaria y arenales,
Agua viva y cristalina brotó,
Fue un andar verdadero y divino,
Que agua y fuego purificaron,
Nuestro deambular por la vida."

Este libro se le dedica a él y a la señora Javiera, como un homenaje de sus hijos Juan, Teresa, Enrique, Javiera y Víctor y de sus nietos Daniel, Pablo, Javierita, Javier y Miguel Ángel; que agradecen sus sacrificios, apoyo, espíritu de progreso, admirable vitalidad, y su afición al baile, la música y el deporte.

Incluimos algunos de sus poemas que datan desde el año 1976, y con la valiosa ayuda de sus hijas Teresa y Javiera, se han recopilado estos textos que representan su sensibilidad, y deseos de expresarse a través de la poesía. Hay también fotografías que ilustran una vida dedicada al prójimo.

JDB

West Hartford, Connecticut, USA
Julio, 2013

P.D.

En la recreación de estas historias que fuimos hilvanando con mi querida hermana Teresa, contamos con la ayuda de nuestra prima María Inés de la ciudad de Linares, y del mismo Don Rigo, que cuando convalecía de su enfermedad en el año 1973; nos contó parte de su vida. Usamos para interiorizarnos acerca de los hechos de la época, recortes de periódicos, revistas de la época, entrevistas a amistades, visitas a la zona de Malleco, Chillan, y San Javier de Loncomilla, e información obtenida a través de portales especializados del Internet.

Sin embargo todo lo escrito, las opiniones políticas, y recuentos históricos del barrio, son de la única y exclusiva responsabilidad de su hijo mayor.

Lecturas adicionales recomendadas

1. "Entre el Miedo y la Esperanza, Historia Social de Chile," de Don Aniceto Rodríguez, publicada en 1995.
2. "Un misionero español en Chile, Miradas desde el pueblo, (Mensaje cristiano de justicia, memoria y, vida)" del presbítero Jesús Rodríguez Iglesias. Editorial Tiberiades, Santiago, Chile, 2008.
3. "Zanjón de la Aguada," de Pedro Lamebel. Seix Barral, Biblioteca Breve. Segunda edición, julio, 2003.
4. "Cuando hicimos historia," Julio Pinto Vallejos (coordinador), Ediciones LOM, 2005
5. "Violeta Parra, el canto de todos," Patricia Stambuck, Patricia Bravo, Pehuén Editores, 2011
6. "Memoria de la izquierda chilena," Tomo I-II. Jorge Arrate, Eduardo Rojas. Ediciones B Chile S.A. 2003.

A Tree by Juan Daniel Brito

La abuelita Elena Cancino,
mamá de doña Javiera, en San Javier. 1946

Javiera y su amiga Rosario en Santiago. 1946

Don Rigoberto, su esposa Javiera, sus hijos Teresa,
Javiera y Enrique, con vecinas de la poblacion Las Torres. 1982

Graduación de Teresa

Rebecca Delgado, esposa de Juan Brito. 1977

Juan Brito en Connecticut, 1987

Juan Brito y líderes juveniles de FEJUSA en 1968

Juan, hijo mayor de Don Rigo y Javiera,
en la ceremonia de graduación de sexto humanidades
en el Liceo Valentín Letelier. Con ellos, la profesora
Hilda González de Espejo. Diciembre de 1964

Rigoberto Brito Chávez
en la ciudad de Santiago, 1944

Javiera y Rigoberto bailando
el baile nacional, la cueca. 1958

Directiva de la Sociedad de Socorros Mutuos
Población Las Torres. 1965

Juan Parra, el estandarte de la Sociedad de Socorros Mutuos,
y el padre Roberto Lebegue en la ceremonia de bendición. 1966

Textos de Rigoberto Brito Chávez

Y allí están

Y allí están los arroyos, manantiales, y ríos.
Ya en ellos no existe el agua, solo silencio,
Las nubes se han alejado más allá del horizonte,
Y el cielo azul ya no llora sus lamentos.
En el valle solo hay cuencas vacías.

La gente va por los polvorientos caminos,
Hay tristeza en sus ojos, ya nublados por el llanto,
Sus pasos son lentos como el ocaso,
Y en los montes no se oye el canto del arriero,
Tan solo el murmullo de los vientos.

¡Misericordia Dios del Cielo y de la Tierra!
Mis ruegos que lleguen hasta tu Reino,
Que de los confines del planeta,
Vuelvan a florecer de nuevo las esperanzas,
Aquellas que un día los hombres olvidaron.

Qué crucen los ríos y corran las aguas,
Y al mirar mis montañas surja la nieve,
Mis valles recobren de nuevo el verdor,
Y las aves de cielo saluden a la vida con su trinar.

Qué del corazón de los hombres surja de nuevo el amor,
Qué los niños en los prados vayan sus rondas a jugar,
Qué los campos y montes se cubran de colores,
Qué el labrador sus tierras vuelva a sembrar.

En las serenas noches de luna, ésta invite a soñar,
Vuelva el sosiego a las almas, regrese la paz,
Qué las estrellas, como perlas brillantes,
Sean ojos de las almas en un eterno despertar,
Y el cielo se cubra para siempre,
Con un manto de amor y fraternidad.

1976

Invocación

El rumor del mar y su apacible oleaje,
Van acallando las voces del atardecer,
Se van liberando los pensamientos,
Del corazón adormecido,
Y las angustias se disipan.

Mar infinito que parecieras tan lejano,
Tu rumor es un canto profundo,
Himno a la vida en su destino,
Cómo saliendo desde muy dentro del alma,
Así las nubes van naciendo en el horizonte.

Brioso mar, tus olas besan las playas,
Sin ningún instante de sosiego,
Contigo el viento, llevando lejanos pensamientos,
Son cartas que en las nubes van escritas,
Más allá, donde alguien las espera.

Voces de atardeceres soñolientos y cansancio,
En el duro trabajo de la vida diaria pero,
La brisa suave viene acariciando,
El melodioso canto entonado por las olas.

Amaneceres de belleza y luz infinita,
Y ese sol que brilla en los mares abiertos,
En las islas verdes como un gran rosario,
Mientras se oye el vibrar de las campanas,
Y las gentes uniendo sus manos,
Se van sintiendo hermanos.

Noche clara, luna luminosa,
Encima de cimbreantes y verdes palmares,
La brisa susurra, tibia, acariciante,
Cual las manos de esa abnegada madre,
En cuyos brazos tibios,
Una hermosa niña se ha dormido.

9 de octubre, 1981

Cómo el mar

Mar de inalcanzables fronteras,
Tus orillas vestidas de verde, blanco y azul,
Adornando las rocas eternas,
Troncos irascibles de bosques milenarios.

Atardeceres de mares abiertos,
Que tiene al sol en su lecho cimbreante,
Y el susurro de la brisa en mi rostro,
Que refresca y sacia mi mente inquieta.

Miro mis añosas manos, cansadas,
Mi corazón palpita sin cesar,
Es el reloj que anuncia inmutable,
La llegada del ocaso permanente.

Quisiera ser cómo el mar, constante,
Renovar mis energías y seguir luchando,
Buscar un futuro de pie en el presente,
Respirando años, que de ti me alejan.

Quiero por las noches,
Mirar las galaxias infinitas,
Besar la tierra verde, ansiosa de esperanzas,
Observar las luciérnagas, mis estrellas serenas,
Mirando con los ojos del alma,
Aquellos tiempos idos.

Escuchar los cantos de gaviotas costeras,
Como un nuevo despertar del letargo de la vida,
Disipando la niebla de un corazón dispuesto,
Que pide a Aquel, el seguir viviendo.

1982

No me pesa, es mi hermano

Dentro de cada uno,
Existe inmerso un niño,
Generoso e inocente,
Cualidades que los adultos,
Vamos minimizando,
Hasta olvidar completamente,
El paso incesante del tiempo.
Hoy quiero proponerles,
Que entre el adulto que somos,
Y el niño que llevamos dentro,
Construyamos ese puente,
Aunque solo sea por hoy.
Seamos todos niños en Navidades,
Mirémonos los unos a los otros,
Cómo solo ellos saben hacerlo,
Con amor, alegría, generosidad,
Olvidando,
Lo "tuyo" y lo "mío,"
Y así, el quehacer del futuro sea nuestro.
Dejemos que fluya,
Desde lo íntimo, lo nuestro, el amor,
No aquel egoísta de nosotros los adultos,
Sino ése, generoso del niño,
Que nos regala cada día,
Esa inocente sonrisa.

24 de diciembre, 1988

Hojas perennes

Para mi hijo Juan

Árbol de hojas perennes,
Que nos miras desde aquella altura,
En nuestro caminar a veces sin sentido,
Y nos entiendes,
Como el amigo verdadero,
Con un cariño de siempre.

Tú nunca has pedido nada,
Solo vibras con el viento,
Y entonas esas melodías, que nos das,
Gratuitas canciones e himnos,
Que adornan nuestros sentidos.

Árbol de hojas perennes,
Te deseo las eternas primaveras,
Coronado a la distancia,
Por esas albas y distantes nieves,
Que nos observan, también desde lejos.

Cuando llegue el otoño, arrancando tus hojas,
Quiero estar contigo, no te dejaré solo,
Como el amigo que partió,
Y que un día volverá,
Para descansar para siempre,
Bajo tu nueva sombra,
Cualquier tarde de febrero.

Peregrino

Seca esas lágrimas, cansado peregrino,
Que tu alma noble encuentre la paz,
Y de tu corazón florezca la esperanza,
Y que hagan tus pasos firmes,
En compañía de la fe,
En tristes noches de soledad.

Mira el cielo en ese alegre amanecer,
Verás que ya no hay nubes negras,
Y las lluvias nocturnas han mojado por fin,
La generosa tierra,
Las piedras del largo camino,
El polvo de tus pies desnudos,
Las penumbras de esa vida.

Detente antes de cruzar el rio,
Contempla con respeto las aguas que corren,
Porque por allí se nos va la vida.
Pon tus pies cansados, en la tierra húmeda,
En sus aguas frescas beberá tu boca,
Y al cruzarlo en ese claro remanso,
Verás para siempre el cielo infinito.

Si cruzas las montañas en tu caminar,
No tengas miedo, y vete con ellas,
No temas a las sombras del pasado,
Pero si, a los ausentes,
Que el temor no llene tu alma,
Mantén tu caminar seguro,
La mente fría y ardiente el corazón.

Dolor

Llega la mañana,
El viento frío azota mi casa,
Con látigos de verdugo,
Hiriendo a un esclavo,
Desnudo, hundido en sus lágrimas.

Pronto llega de nuevo la noche,
Negra cortina de invierno,
Ahora el viento ruge,
Como una dolorida fiera,
Que su cachorro ha perdido.

Llega el amanecer,
Con esa mañana vacía,
Solitaria madrugada,
Fría sin el sol,
Como esas pobres almas,
De las que solamente se acuerda Dios.

1989

Charcos

Las calles están tristes y oscuras,
Al venir pronto la aurora,
En la mente va la locura,
Será por piedad la ventura.

Allá el barro es solo vertiente,
El dolor está en todo presente,
Ahí todos los inocentes, anuncian,
Al hombre su trágica muerte.

La vergüenza no es para todos fineza,
Todo lo podremos con nobleza,
La inconciencia es impureza,
Solo en ella falsa ternura.

Allá en el lejano horizonte,
Un corazón firme muy profundo,
El espacio testigo en el mundo,
En el tiempo, el alma ausente.

Al andar con pasos fecundos,
Los recuerdos se van desfigurando,
Con ciénagas del pasado,
Es la vista de un trotamundos.

La crueldad es pesada cadena,
A los sufrientes solo queda pena,
Los dolores no son cosa buena,
Es cambiar charcos por condena.

1989

Lejana

La luna en su ocaso presente,
Sobre los altos montes ausente,
Va iluminando a la gente,
A los desamparados y los dos con suerte.

Al mirarte tan lejana y serena,
Así mis años van pasando,
De mi vida solitaria y austera,
Dejad que en el tiempo vaya borrando.

Noche de una importancia vital,
De un peregrino cansado y solitario,
Sus noches de dolor son calvario,
El mundo no es para todos igual.

Luego llega el amanecer del día,
Las esperanzas no se agotan,
Siempre va floreciendo la vida,
Luchar por ella es lo que importa.

No serán las noches tan lejanas,
Con sus tinieblas sin estrellas,
Si tienes luz en tu alma cansada,
No habrá nada sobre aquella.

En el cielo azul nada se oscurece,
De la lluvia, el barro solo crece,
Tus ojos al mirar el horizonte,
Su arco iris siempre en ti presente.

Volverá

Las olas ya se levantan,
Desde el ancho mar,
Así mis pesares aumentan,
Cuando no la veo llegar.

Es larga la distancia,
Es como una lejana estrella,
Hay un sufrir y paciencia,
Solo pensando en ella.

Los vientos son pasiones,
Así padecen sus amores,
De los doloridos corazones,
En la vida deja sinsabores.

Todas las hojas se van,
Cada una a su destino,
Son amores que se alejan,
Son los que causan desatino.

Un corazón va ya errante,
Sin lugar donde detenerse,
Mi alma ella desvanece,
Yo allí estaré ausente.

Bueno es seguir viviendo,
Pensando en lo que ama,
Así el tiempo va pasando,
Todo aquello se derrama.

La tarde se va terminando,
Es como esperanza inerte,
Allí pensando y esperando,
Por ese amor que no viene.

¿Será cierto que el destino
Tuerce al mal camino?
Si hay confianza y tino,
Volverá ella a mi destino.

1989

Obrerita

¡Oh! Obrerita de mi tierra florida,
Te llamo abejita humilde y trabajadora,
Pena no sientes ni amargura,
Al mundo le vas dejando tu dulzura.

En los días recoge, en la noche labora,
Trabaja y trabaja a la luz de la luna,
Tu vida es breve pero con mucha honra,
Dejando como verdad una vida hermosa.

Como quisiera desglosar tu trabajo,
Te describo con humildad y ya lo hago,
Aquellas virtudes que tú conversas,
Nosotros los humanos queremos tanto.

Sé que eres activa e inteligente,
Admiradas por gente muy consciente,
No acepta la travesura del imprudente,
Te aceptas respetar y picas fuerte.

Como testigo me paso muchas veces,
Llegué a mi casa picado y llorando,
Por molestarla cuando estaba trabajando,
En la vida no conviene molestar tanto.

Siempre el mejor néctar para tus mieles,
Te encontraba en las verdes quebradas,
En orillas de caminos ya floridos,
Y en los prados ya adormecidos.

¡Oh! Obrerita de mi tierra hermosa y querida,
Eres chiquitita y trabajadora como ninguna,
Lo haces con mucha finura y ternura,
Tus alitas se reflejan a la luz de la luna.

Amaneceres

Qué hermosos son,
Venerables días,
Fuentes de claridad.

Sus amaneceres,
Son regalos a la vida,
El nacimiento de un niño.

Los ríos crecen en su afán,
Por las copiosas lluvias,
Que vienen de los montes.

Así ruedan mis lágrimas,
O son perlas de rocío,
Riachuelos de mis mejillas.

Pero es hermosa la vida,
Cuando te miro,
Y quisiera abrazarte,
Si me lo permitieras.

INTERIOR

PABLO SALGADO BRITO

A todos,
por ayudarme
a moldearme.

Prólogo

Escribir poemas no es un talento. No es una cualidad de difícil obtención, según como creen las masas. Desde un niño de 8 años, que un reducido vocabulario domina, hasta un señor de 6 décadas, con un amplio repertorio de experiencias bajo la manga; todo tipo de persona puede ser un poeta...mejor dicho: todos los humanos son poetas.

Sólo se necesita lápiz, papel y algo o alguien para escribir. Puede ser tan sencillo como un objeto inanimado, cómo por ejemplo, el sol, o algo más complejo, como lo pueden ser vivencias o actividades de la vida diaria. Además del maquillaje que le damos a dichos objetos, que a la vez, embellece nuestra lírica. Eso sí, no es doctrinal que alabemos al sujeto de prueba en el manuscrito, puede ser también un tierno tirón de orejas o una satírica crítica para crear conciencia en la sociedad.

¿Pero cuál es la diferencia entre poetas reconocidos, ya sea Neruda o Mistral, por nombrar un par, del resto? La respuesta es sencilla: Voluntad. Todos los poetas existentes deberían ser reconocidos, pero se necesita de su propia voluntad para recibir tal reconocimiento. Se necesita de su propia voluntad, para declamar sus poemas en algún sitio, o unirlos en un humilde libro. Se necesita de las ganas de ser reconocido. La buena fama no llega sola, se busca insistentemente.

Con este prólogo en forma de invitación para unirse al mundo poético, damos inicio a este libro. Espero que lo disfruten tanto como yo lo hice al redactarlo.

Noches insómnicas

No sé qué hora es,
ni tampoco lo quiero saber.
Sólo sé que algo malo pasará,
sólo sé que Insomnia pronto llegará.

Mi cama empieza a moverse,
como si una ruleta fuese.
Como una ruleta del infierno,
en donde sólo gana mi sufrimiento.

Sentimientos aterrizan
como la ira y la locura.
Parece que sólo buscan
mi pérdida de la cordura.

Taladrando en la pobre mente
están mis malos recuerdos.
Ni con todo mi esfuerzo
puedo deshacerme de ellos.

Toda esta mezcla de momentos
me impiden descansar.
¡Los quiero lejos!
Si de alguna manera se pudieran largar…

Camino por un verde campo
con Tranquilidad a mi lado.
Finalmente,
Insomnia se evaporó de mi subconsciente.
Pero no puede estar pasando
de ella no he me liberado,
pues ya me he dormido.
Ahora cansado estoy soñando.

Échame al agua

Échame al agua…
que mi falta sea tu gloria.
Que me moje con tu rebelde lengua
Que me salpique de tus palabras morbosas.

Refréscate con tu húmeda fechoría,
tu evaporada fama será tu sequía.

Que gotas de agua te acribillen
por ser mi negligente candado.
Mi boca espera reírse
cuando alguna vez quedes empapado.

Ritual de máscaras

Cada vez está más cara
tener el alma disfrazada.
Cada vez nuestro rostro
adopta la faceta de otro.

Sin ese "otro" nos convertimos en dianas
y por subjetivas flechas
estamos siendo apuntadas.

Nuestro "yo" encara a los arqueros
en nuestra mente como meroreadores,
combatiendo por ser su legítimo terrateniente.
¿Desde cuándo que somos sólo espectadores?

Fantasmas con máscaras
abundan en las avenidas
con caras largas,
intentando disfrutar la vida.
Buscan el levantamiento de un pulgar
suplicándole como si fuera una deidad.

Evoluciona

Matemos,
cuando la ira sea nuestro veneno.
Robemos,
incluso a los pobres e indefensos.
Insultemos,
si la razón se encuentra lejos.
Mintamos,
cuando en un aprieto nos estemos ahorcando.
Pensemos,
lo que la mayoría crea lo correcto.
Digamos,
lo que para encajar sea necesario.
Gritemos
nunca, si lo injusto surca el cielo.
Vendamos,
falsa felicidad al rebaño.
Apoyemos,
que la demencia inunda nuestros cuerpos.
Escribamos,
pensamientos que serán rechazados.

Sr. Darwin…
aún seguimos siendo macacos.

Horas ermitañas

Sábado por la noche,
la mayoría a lo Travolta festeja.
Mientras espero en mi pieza
que mis ojos se cierren con un broche.

Sólo mis dedos juegan,
en un control remoto cerca.
En mi cráneo hay fiesta.
Música entra por mis orejas.
Y parecen que no me invitaron..
la ironía se ríe bailando.

La gracia no encuentro en el televisor.
Un intento fallido de entretención.
Ni siquiera en el computador,
ni aunque tuviera un localizador.

Esta fiesta fue la mejor.
La próxima semana de nuevo, por favor.
Pero no mañana,
tal vez me despierte con resaca,

Debajo de un televisor

Caja maligna, malvada.
Que en nuestras casas
estás incrustada.

Buscas compañía, atención.
Mediante destellos
nos robas la visión,
sentándonos en el sillón.

Nos cuentas tragedias
y el terror servirnos como cena.
Así nos quedamos seguros
con tu digital omnipresencia.
Nos infunde escalofríos
hacia la humanidad,
convirtiéndonos en incapaces
de transitar por la ciudad.

Seres en incapaces
de sentir.
Satisfacemos tus caprichos,
Alimentamos tu existir.
Si te alegramos, nos reímos.
Si te molestas, contigo nos enfadamos.
Si te entristeces, lloramos.
Cumplimos tus mandatos.

Quién de ti se libera,
es premiado con su vida.
En su pasado has quedado.
Ni siquiera serás recordado
como una anécdota divertida.

Pero este poeta
también está bajo su control,
bajo su boca carnicera,
(¡Libérenlo, por favor!)

Indeciso amante

No sé si amarte.
No sé si mi corazón darte.
No sé si declararme.
No sé si quiero conquistarte.

Esa roja arma de doble filo
me provoca algo de miedo.
Si mi amor admitirlo,
o evitar decírtelo
por el temor de salir perdiendo.

Mi decepcionante historial
de intentos de amar,
origina mi dolorosa inseguridad.
No sé si de ti debiera pasar.

Mi corazón se partió en dos:
uno insiste en sí, el otro un rotundo no.
Amorosa confusión.
No sé a quién debo darle atención.

Opinión

Anúncialo en los medios
y grítalo en las calles.
Para que todos sepan
que tu opinión debe ser dominante.

Desprecia a las demás
e insulta a sus seguidores.
Vomita tontas críticas,
la humillación será doble.
Mejor si no eres del ámbito,
que con cultas palabras
escondes tu cabeza de mentecato.

"Mi idelogía es exquisita,
la tuya me provoca risa.
Y con pruebas te demuestro
que sólo eres un vil blasfemo.

¿Tolerancia?
¡Qué idea tan innecesaria!"

Recién levantado

Es de mañana, es temprano.
El sol se está levantando;
de la rutina está un poco aburrido.
Despierta a todos con su centellante silbido.

El inocente maullido de un gato
y el estruendoso canto de un gallo,
abren mis carpas oculares.
Invitan a qué mi cuerpo se levante.

Ya en la ducha, converso con el agua,
que además danza con la mugre.
He dejado de ser un muerto, estoy despierto.
Es hora de la reiteración diaria.

Desayunado y vestido
de mi madre me despido.
Empiezo a dibujar mi camino.
Música vuela entre mis oídos.
El movimiento ya no es tan aburrido.

En el metro y en la micro
cadáveres viajan conmigo.
Creo que formo parte de ellos,
Parece que he salido de un cementerio.

Mi travesía ha terminado,
a la superficie me han echado.
Sólo sigo mi destino:
todo el día estar sentado.

Moscas

Diminutos seres
despreciados por la humanidad.
Su presencia significa
una señal de asquerosidad.

Putrefacta comida
es el objeto de su codicia.
No les importan si mueren
en el intento de ingerirla.

Individualismo
define su vuelo.
No admiran el universo que las rodea,
evitan tocar el suelo.
Si hay otras moscas,
no les interesan ni un bledo.

No se dan cuenta
si de lo vital se están cayendo.
Cero disfrute de su corta vida,
ni siquiera hicieron el intento.
Su sucia avaricia
fue la llave de su ruina.

¡Oh, moscas ausentes del Renacimiento!
Al analizar sus cerebros,
me acuerdo del hombre
en estos tiempos.

Inocencia vivencia

Bendita inocencia
que alguna vez tuvimos,
cuando nos importaba
nuestro gozo infinito.

Maravillosa inocencia,
cada objeto hecho de oro
y nuestra curiosidad inmensa
lo convertía a ese metal precioso.

Divina inocencia,
la realidad no estaba presente.
Todo era color de rosa
al vivir felizmente.

Majestuosa inocencia,
lo imposible no existía,
pero los adultos conocían.
La imaginación nos hacía eternas visitas.

Esa inocencia
que, con el paso de los años
la enterramos en el pasado.
Y como una rosa
ya se ha marchitado.

Pensamiento

Tirado en mi cama,
la oscuridad brota en la sala.
Cierro los ojos.
Pienso.
Siento que vuelo
hacia mi cerebro,
me dirijo a mi mente
nadando en una invisible corriente.
Memorias se escriben en mi frente:
benignos y malvados,
sombríos y de antaño.
Analizo.
el otro rostro de ellos,
mi existencia a partir de su reflejo.
Me arrepiento de unos,
me satisface ver otros.
El inicio de mundos paralelos,
la felicidad manchada en mi cuerpo.
Medito.
Mi desdicha en terreno.
Culpables son mis pensamientos.
Transparente soy.
Concluyo.
Original en mi mundo.
Sueños de identidad.
No soy incapaz.
La corriente me devuelve
de mi estado semi-inerte.

Sra. Bala

Mujer pequeña
vestida de plomo.
Cuando vuela
pinta todo el cuadro de rojo.

Si a alguien besa
lo deja sin aliento.
Tal viuda negra,
regala una muerte en el encuentro.

Grita endemoniada
al ser disparada.
La Muerte detrás viene
riéndose a carcajadas.

Deseada en las guerras,
apetecida en intimidaciones.
Piensa que resuelve los problemas
entre naciones.

Quién la ame y la posea
se sentará en su homicida empresa.
Sólo basta un choque de labios
para que esta señora maléfica
se lo lleve al diablo.

El quinto funeral

Por quinta vez, es un finado.
Por quinta vez, el muy porfiado.
Por quinta vez a su corazón sacrificó.
No es más que un muerto que se levantó.

Por entrar en un bosque verde esmeralda
bajo un cielo rojo escarlata.
Por caminar descalzo
encima de vidrios quebradizos,
sin importarle hacerse añicos.
Sin importarle de rojo teñido lo transitado,
sin importarle caer desangrado.

Me dice que llegará al final,
el cielo y el bosque besará.
Pero cada vez le cuesta más resucitar
y el premio mayor intentar ganar.

Temor sepulcral

No es común que a esta edad
lea esto mi cerebro.
La mortalidad
se está paseando en mi mental aposento.

¿Qué ocurrirá después de mi existencia fúnebre?
¿Acaso la Parca recogerá mi alma?
¿O tal vez en la nada me acostaré?
¿Quizás resucite como si no hubiera pasado nada?

Todos los finados prefieren quedarse allá,
no quieren compartir sus vivencias.
Prefieren que nuestra sea la experiencia.
Algunos la fé los abriga del temor sepulcral
a otros escalofríos jamás les causará.

Cuando me abandone
la Muerte me cubrirá con su oscuro manto,
mientras entona su lúgubre canto.
Me hundiré.
Olvidaré todo lo que conseguí,
Inclusive como sentir, respirar, vivir…
La calma al fin adquirí…

La bandera con spray pintada

¡Aro, aro, aro!
¡Por mi bello Chile estoy emocionado!
¡Por esa hermosa franja de tierra,
que con orgullo estoy pisando!

Hagamos un salud
por nuestros héroes patrios.
Pintados con valentía lucharon
y enfrentaron una antagónica alud.
Sus restos aunque por tierra siguen tapados,
sus acciones e ideas como clásicas volaron.
Moldearon a Chile como nuestra futura vivienda.
¡Eso es espíritu patrio, mierda!

Por último, un final brindis
por los empresarios de extranjera iris.
Que nos han manoseado
y al pueblo chileno han manipulado.
Esos que le rinden lealtad
a su hipócrita chilenidad.
Mientras bailan cueca alegremente,
otros lo pasan pésimo en la interperie.
Mientras como empanadas con esmeraldas,
otros por su esfuerzo tienen las manos quebradas.

El país está en decadencia
gracias a personas como éstas,
que creen que poniendo guirnaldas
le rinden honores a la patria.

¡Viva Chile!

Soneto decepcionado

Doce meses simples se esfumaron.
Mis calificaciones se estampan…
no eran lo que buscaba.
A todos les he fallado.

A los ojos de madre ya he escuchado
y me inyectan su decepción.
Al interior de mi padre, se lamenta su corazón
postrado, en su cuerpo cansado.

Este error me atrae al suelo,
impendiéndome las escalas seguir subiendo…
Sólo me quiero levantar.

Un juramento no servirá de consuelo,
el daño ya se ha hecho.
Necesito descansar.

Patronato

Amigos en kilómetros,
que con recelo miro.
Soy parte de un borroso encuentro.
De amnesia supuestamente se enfermaron.

Estos fatídicos meses caminando,
me he sentido solitario, olvidado.
El intento de visitarlos.
Mi invisibilidad ni siquiera divisaron.

¡Condenada arrogancia,
que me has mutilado!
Si fueras una persona
la desconocida ya te hubiera pegado...
Me envenenaste al creer
que yo era un ser alado.
Me has embriagado
olvidando a ese niño
a quien ya no le calza mis zapatos.

Si no les saludo ni con la mano,
¿cómo crees que en su memoria
siga levantado?
Sólo basta mi nombre recitarles,
ya les sonaré casi al instante.

Síndrome

Derivado del árbol
Manchado con fugaces tonos.
Tu ansiada adquisición,
nos acerca al manicomio.
Nos vistes como consumistas,
soñando con todo lo que nazca en la pantalla chica.
Inocentes, creímos en las mentiras
de los comerciales muertos de la risa.
Las vitrinas alimentan la codicia.
En mi bolsillo queremos acunarte
mientras nos convertimos en chacales.
Usando pantalones rotos o de traje
robamos sin sentirnos culpables.
Al ser nuestra posesión,
un pecado despega del corazón.
Tenemos objetos sin razón.
La felicidad nos dedica una canción
mientras que el nirvana peligra de extinción.

De famosos quitan su rostro,
pero burdos siguen igual.
Arturo Prat se debe sentir fatal.
Creo que una Gabriela Mistral
me guiñó un ojo.

Oda al Clonazepam(°)

Tú, que me haces descansar.
La única que logra que mi cuerpo
se pueda calmar.
Eres lo que necesitaba todo este tiempo.

Aunque seas sólo un medicamento,
lejos tiras mi zapatos de cemento.
Mi mente liberas.
No me importa lo que me rodea.

Ante ti debería arrodillarme.
Ante ti debería atarme.
De ti no debería separarme,
sino mi vida sería un desastre.

Porque me haces bien…

      Porque me haces bien…

            Porque me haces realmente "bien"…

(°)Llamado Klonopin en los EE.UU (creo).

Embriaguez de poder

Ya estás en lo alto.
Arriba, donde nadie molesta.
Haz lo que quieras.
Ahora todos te hacen caso.
Si alguien te molesta,
sólo una mirada y queda callado.
Abusa de la señal.
Amordaza la libertad,
libertad para manifestarnos
de tu cruel mandato.
No pienses que estás solo,
súbditos hay en tu mano.
Mientras más domestiques,
más inyectaras opresión a los libres.
Matar es una buena opción,
para silenciar esta rebelión.
Era un vil traidor,
no merecía piedad de la nación.
Y si estás aburrido,
tira maletas al exilio…
Así aprenderán
que ante el jefe no se levantarán.
Las múltiples protestas
tienen mutilada tu cabeza.
¿Y si nos bajamos
para descansar un rato?

Pronto beberemos nuestra venganza,
pero.. nunca existirá tal cobranza,
ya que con el diablo compartimos una danza.

Barcos vitales

Desde que oxígeno tomamos
navegamos en un navío.
No sabemos cómo navegarlo,
pero el aprendizaje no será tardío.

Llenamos su cubierta con colores,
texturas y olores.
Diversas marítimas especies
nos siguen fielmente.

Se siente el momento:
a las fuertes olas nos enfrentaremos.
Sufriremos daños igual que al barco
¿Alguna idea para repararlo?.
Otros no se levantaron.
Se quedaron naufragando…

Si sobrevivimos,
hemos crecido y nacido,
de la experiencia hemos leído.
Nuestro yate seguirá siendo el mismo.

Falta izar las velas.
El horizonte nunca queda cerca.
Se busca un acompañante
y evitar un viaje errante.

Ostracismo mental

Lápiz en mano,
hoja en blanco.
Ni idea para completarlo.

Candado en la cabeza,
pocas ideas navegan.
De palabras autistas es la cosecha.

Conjunto de letras
fuertemente tomadas de la mano.
Ni con toda la fuerza de los humanos
se encuentra un tema.

Los versos se presentan,
en un recitado teatro.
Pronto se quedan callados…
Nadie entiende lo que está pasando.

Moraleja:
Que el ardor
de las llamas de las experiencias
calienten las ideas de un escritor.

Poema atemporal

Tic tac, tic tac.
Las manecillas están corriendo
El reloj te está hablando,
tu vida, continuando…

Segundos, minutos,
meses, años.
Carceleros números
que el aposento están rodeando.

Detenerlo es imposible,
debes asumirlo.
Pero el disfrute no es debatible,
incluso si te estás acabando…

La estela del tiempo cambia,
y en el pasado lo pega.
Somos responsables
de eterna mantenerla.

Preocupados por la duración
es nuestra diaria actualización.
Con un despertador en el trasero
vivimos, trabajamos, caminamos.

La comida ha podrido.
Sentimientos ha cambiado.
Tu apariencia ha transformado.
Ya no eres el mismo.

El Padre Tiempo se mueve
en conjunto al viento.
Intenta llamarlo
si tu vida no has disfrutado.

Un cero indica el cronómetro.
Un mortal silencio..
Descansa tranquilo
si del tiempo te hiciste amigo.

Juego de niños

Jugar en un columpio…
el balanceo del asiento.
La altura igualaba el sentimiento
de la libertad de un crío.

Jugar en un resbalín…
tocábamos el cielo
de la altura eramos dueños.
Nadie nos sacaba de ahí.

Jugar con juguetes…
Nuestros sueños de mayor
adquirían más espesor.
Era verdad surfear en un cohete.

Jugar a las escondidas…
divertido era desaparecer
y, arruinar escondites, un placer.
Ocultos y sin la soledad en la vida.

La cadena del columpio se rompió,
del resbalín nos bajamos,
los juguetes se marcharon,
nuestro escondite murió…

Oasis árido

El encuentro de un oasis,
en un muerto desierto,
de un mundo desconcierto.
No les miento, estoy feliz.

La emoción de sólo verlo,
de creer que me uno a sus brazos,
de tocar sus líquidos labios.
Con su presencia estoy contento.

Busco su afecto y me acerco,
y una ráfaga me bota al suelo.
Me empuja al árido terreno
del depresivo desierto.
Sólo era mi ilusionismo
apoyado por el espejismo,
que de mí se ha reído.
Apenado ante el sol estoy tirado
Mirando como otro entra a su prado.

Me siento abandonado.
En el desierto sigo solitario

El show de los famosos.

¡Damas y caballeros pasen
a este parque de atracciones,
donde incluso hasta muy tarde
se deleitarán de los famosos y sus acciones!

¡Pasen a espiar a estos humanoides
que gritan lo que van a hacer!
¡Si no son escuchados,
locuras empiezan a cometer!

¡Rían con las sabias discusiones
entre lujuriosas modelos,
que de malcriadas dan ejemplo
y ahora son sus tradiciones!

¡Si quieren alimentarlos
hagánlo con flases!
¡Sigánlos a cualquier lado
para que se sientan como un ser alado!

El parque tiene que cerrar,
no se preocupen, en las calles estarán.
Véanlos también en el televisor,
en programas con horrible opinión,
con farsantes que se juran importantes,
que sin la demencia, quedan cesantes.

Q.E.P.D
"Interior"
2010-2011

"El primero de muchos"

Versos perdidos de la resaca

Félix Heredia Gatica

Y heme aquí en el cénit de la vida

Y heme aquí en el cenit de la vida,
Saboreando el dulce néctar de las rosas,
Cultivando en azucenas olorosas,
Los manjares de la fruta prometida.

Aún sabiendo que esta ánfora es prohibida,
Sorbo de ella su bebida primorosa,
Olvidado en este sueño de las cosas,
Estampadas con vil hierro en la Partida.

En ti olvido lo tirano que es el tiempo,
Me resigno del presente en ti pensando,
Que el amor nos anima con su aliento.

Hacia el cénit de la vida o de la muerte,
Como sea claro día va asomando,
Anudando nuestras vidas en lazo fuerte.

Septiembre 1975

Arte de callar

Debo callar.
Ni siquiera un simple murmullo,
Lejano rumor de oraciones,
Suspiros entrecortados apagados por el viento,
Deslizándose taciturnos pisando hojas ya muertas,
Por senderos resignados donde yace agobiado el día.

Ni siquiera es una voz, quebrada por cansancios,
En este recorrer caminos donde el polvo apaga los pasos,
Y así, nos vamos ahogando, tragando, paladeando niebla,
En noches solitarias, horas mustias, soledades al fin.

Silencio,
Paréntesis brumoso, rostro oculto de la luna,
Muerte del humano don del decir, caminos tortuosos,
Tardes cubiertas de blanco,
Mantos fríos de muerte planetaria,
No hay palabras,
Y todo yace para siempre en despedidas.

Horas eternas y no estás, no hay miradas,
Solo lluvia que cae sin ruidos, monótona,
Cielo gris de melancolía y adioses no deseados.

¡Qué difícil es el silencio porque tu voz ya no está!
Más eres allí, donde mi llamado no te alcanza,
En medio de esta noche, lejana,
En madrugadas insomnes huérfanas de tu calor,
Y de tu voz que se perdió en las horas.

Arte del silencio y lo sufro,
Porque al amanecer, cuando finalmente venga el día,
Sé que un pensamiento, uno solo, despertará en mi la vida,
Y cantaré para ti tonadas alegres,
Te esperaré como siempre, cansado de no verte,
Ni escucharte, en mi arte del silencio.

Montreal, diciembre 1975

No quiero llorar

No quiero llorar,
¿Quién podría hacerlo?
¿Cómo podría olvidarlo?
Vienen con nosotros las lágrimas,
Y nos vamos empañados en sollozos.

No queremos llorar, pero lloramos,
En la distancia y el silencio,
Esos llantos tan infinitos,
Por cada minuto lejos,
Por la noche que se escapa,
Y son lágrimas el precio.

No queremos llorar, pero lloramos,
(En silencio)
Pero lloramos,
No lo decimos, pero lloramos,
Sin lágrimas ni sollozos, pero lloramos,
Caminando solitarios, lloramos.
Y estas lágrimas son el precio
De siempre,
Y lloramos cuando queremos,
Y así, el corazón nos cobra monedas,
Por amar, viejas monedas,
Gastadas mercancías con lágrimas salpicadas,
Bañadas de pensamientos.

No queremos llorar, pero lloramos,
Destino eterno del humano,
Vocación perpetua de enamorados.

Somnolencia

Comienzan vibraciones inaudibles,
Imperceptibles llamadas, fondo de existencia,
Van brotando de tu piel las gráciles luciérnagas,
Y mis manos van sintiendo el rumor de tu vida,
Que viene subiendo hacia mí.

Siento que te estremeces,
Y oigo minúsculas voces insinuando,
Susurros, movimientos,
Y ahora te siento, te huelo y me encadeno a tu cuerpo,
Que se va quedando en mí, tibio, palpitante.

Y eres tú, y estoy en ti,
Somos y cabalgamos más allá de las ciudades,
Y de una luna que nace, serena, e ilumina,
Tu rostro, visiones nuevas, himnos celestiales,
Más allá del tiempo, y de ajenas latitudes.

Viene el pálpito final,
Hálito cálido de vida,
Y estoy en ti y tú conmigo.
Un galopar enloquecido envuelve la morada,
Donde peregrinos somos y vivimos.

Todo se detiene y nos aferramos a ese segundo,
Y queremos quedarnos allí, flotando entre las sombras,
En pulsaciones vitales,
Del amor, pasión eterna.

Libertad

Cuando unimos nuestras manos,
Un espacio cálido se eleva,
Y no importa el color del cielo,
La nieve gris del invierno,
Ni la lluvia, torrentes, ríos caudalosos,
Calles atestadas de gente,
Miradas, rumor pardo del otoño,
Edificios solitarios.
Porque tras unos segundos,
Certeras vibraciones vienen y somos,
Lo que no fuimos ni podremos ser, viviendo así,
Uno.

Al juntar nuestras manos, recorremos el espacio,
El tiempo ido y el silencio,
Gozamos nuestro amor,
Cómo si más tarde fuera tiempo fácil,
De los dieciocho,
Estudiantinas,
Primavera,
Mejillas sonrosadas de aquellos días,
Hechos de risas que amanecen,
Esperanzas, horizontes de justicia,
Amor del ayer, cuando nada de lo nuestro era, y
Es hoy, luchando con el tiempo.

Al unir nuestras manos,
Hacemos un espacio cálido y nuestro,
El camino se hace ancho, reímos, y rumores de besos
Agitan este día.

Alucinaciones

Tus piernas van más allá de este planeta,
y se elevan cual tallos fuertes,
hacia mí.

Y tus muslos morenos,
tibios, turgentes de greda,
se ofrecen a mis ojos,
palpitantes entre mis manos.

Y donde tu piel se hace fuego,
me hundo finalmente en ti.

Tu olor me envuelve,
y tus muslos a mi lado,
se agitan y tiemblan,
y no me canso de mirarlos,
besando tu vientre.

Explicaciones

La palabra me redime de pasados y silencios,
y soy, mientras escribo en esta isla de,
mi vida estacionada en este tiempo,
como si los años fueran días,
y yo, ingenuo, tratara de contar, sin contar,
pensando que el aire se detiene,
pudiendo nosotros volver a un ayer,
que quizás fue mejor que no existiese.

Cuando abrumado por el silencio de
dudas inexploradas, y otras ya conocidas,
callada ya la hoguera de la pasión,
cara a cara a lo inexacto y las
omisiones de siempre derribadas;
escribo, y así el silencio tiene nombres,
las voces no quedan en el aire,
bajo soles que nada dicen,
porque todo está aparentemente ya escrito.

En el espanto de la soledad final,
en lo infecundo de la simiente, y
del destino señalado en la agonía diaria;
surge mi palabra, amarrando voces,
condensando lágrimas, curando recuerdos,
recientes, pasados, dibujando,
lo mejor que puedo,
ilusiones de verdad, pasiones no fingidas,
amores hasta las últimas consecuencias,
al fin y al cabo verdades.

Por eso escribo,
tratando de persuadir al tiempo y
convenciendo a los silencios de retiradas
hacia las sombras, temerosos de la luz,
sin miedo a las palabras,
que persistirán, así, escritas.

Tus pasos no los escucho, los presiento

Tus pasos no los escucho, los presiento,
y algo me dice que caminas hacia mí,
y espero, y sé que estás y vienes,
aunque no reconozca tus pasos,
adivino tus ojos y tu sonrisa,
y así,
llegas antes de estar a mi lado.

Porque te adivino, te huelo, te siento,
premoniciones, conjuros y presagios están allí,
donde tú no estás todavía,
allí, en el umbral, cruzando,
caminas en silencio,
como una brisa costera, y
te preceden tus ojos, el eco de una voz,
brisa alegre de montañas.

Por eso no te escucho, te siento,
y estás siempre conmigo,
aunque no estés.

Invitación al celular

Allí, detrás de una cajita está tu voz, y tú,
aun así, inaccesible cuando por las noches,
pienso en ti,
en tus ojos, tu pelo,
tu cintura,
tus palabras,
tu aliento,
tú...
Y sé, que detrás de esa cajita está tu voz,
en madrugadas de estrellas lejanas y apagadas,
y de un amanecer que se va enredando y se demora con la noche,
pienso en ti, en tus silencios,
tus sonrisas, tus manos, tus hombros,
tu boca, en aquellos momentos.

Pero sé que más allá de esa cajita que no toco,
estás tú,
aguardando mis llamadas, quizás no,
y solo se que allí estás, y yo aquí,
pensando en ti, en tu historia,
en quince años,
en mi historia,
en el destino, en la vida,
en encuentros paralelos,
de existencias,
y el hallazgo precioso de una flor,
unos números,
que rescato desde tiempo,
y que guardo para siempre,
cerca del celular.

Reflexiones paralelas

¡Cómo pasé sin verte en esta vida! o, quizás te vi, nos miramos,
pero no nos vimos en aquellos tiempos del comienzo,
de inviernos largos, veranos ardientes, a veces solitarios.

¿Cómo pasé sin verte en aquellos caminos que cruzamos,
parques estáticos, comienzos, primaveras,
y donde añoramos el amor, más allá del silencio,
de la ciudad triste que tú alegrabas, y que no vi,
un día de septiembre con flores, verdes, y rosas,
o en abriles, valles de oro, y hojas moribundas?

¿Cómo pasé sin verte en esos días ya de antaño?
cuando debí sentirte cerca de mí, tan mía,
yo caminando ligero, y pensando en otras tierras,
con sombras de montañas lejanas, ecos sin respuestas,
canciones a medio entonar, o balbuceos.

¿Cómo pasé sin verte, amada, en esas primaveras?

Al fin te encuentro y debo poner al día mis besos,
y en abrazos silenciosos y miradas eternas,
quiero ganarle al tiempo, pensando que siempre te vi,
silenciosa, solamente mía, mirándome y yo mirándote,
en días finales de invierno, o brillantes del estío.

Y en estos encuentros,
dedicarte una canción y mis palabras que desde siempre guardé,
allí, donde te recordé aunque no te conociera.

¿Porqué te siento tan mía?

¿Porqué te siento tan mía y tan dentro de mí
en el silencio del amor y tus suspiros,
ojos entrecerrados,
vibraciones armónicas,
cuando estrecho tus manos,
y voy palpando tu cintura,
y tu cadera late con mi corazón en el pecho?

¿Por qué te siento tan mía y dentro de mí,
cuando te miro hacia lo alto,
como quien mira al sol y la luna,
y sabe que tiene el sol y la luna,
me sonríes y me miras,
y te siento tan mía,
y me enloquece tu aliento,
y te digo cosas,
o no tengo nada que decir,
pues está todo dicho,
pero no lo es?

¿Porque aún así, siendo tan mía,
es insaciable mi mano y mi boca,
y te persigo y tú no escapas,
y te siento dentro de mí, tan mía?

Y te vas quedando cada día

Y te vas quedando en mí cada día,
y lo siento y me pregunto ¿cuánto más,
querrás estar?
Y si no vendrá un tiempo en que,
aunque te vayas,
sigas viviendo en mí, más allá de mi voluntad,
cual anhelos de primaveras interminables,
o noches silenciosas de añoranzas,
suspiros y miradas finales.

Y tus recuerdos, después que te hayas ido,
sigan en mi, porque cada día te quedas.
Y cuando te vas reverberan en mi pecho,
tus palabras y toda tú, así tan mía,
caminas por mi memoria, y brillas en mí
como tu sonrisa,
y vives en mí, como tu cuerpo,
al que mis brazos extrañan por las noches,
cuando te busco ansioso en la penumbra.

Y busqué poemas para ti

Y busqué poemas para ti,
en páginas ya conocidas,
metáforas de Garcilazo,
versos de enamorado,

Pero allí no estabas tú.

Busqué en otros versos,
anhelando hallar tu nombre,
tu voz, tu figura, tu pelo, tus ojos, y
tampoco estabas.

Busqué en líneas antiguas,
que algún día escribí,
en medio de la jungla de esa historia,
de muertes, destierros, ciudades vacías,
nieve cayendo triste,
tardes apagadas y grises,
primaveras solitarias,
otoños soledades.

Y por supuesto, tú no estabas.

Por eso escribo para ti,
cartas donde te digo todo,
a ver si encuentro esos versos,
donde tú estás y eres,
tú, mi poema no escrito,
hasta el día aquel,
en que te dije, te quiero,
mi bella, mi poesía

En la isla de mi exilio Garcilaso

En la isla de mi exilio Garcilaso,
No hay un río que me sirva, mensajero,
De desdichas y de amores yo me muero
Condenado por las horas al fracaso.

Nos castigan los minutos con su paso,
Y un presente que se finge verdadero,
el mañana al final de este sendero,
¿No es principio apurado por ocasos?

En la isla del exilio, pensamientos,
Son refugio que nos libran del pasado,
Y futuros ya sembrados por lamentos.

Si no tengo la esperanza de simientes,
Soledad es mi sentencia, condenado,
Así en la vida a la isla del presente.

Reflexiones

En definitiva, los únicos preocupados del tiempo,
Son los amantes y los viejos.
Extraña coincidencia.
Frente a la triste disyuntiva del péndulo,
De aguas que no vuelven, ríos caudalosos sin orillas,
Suspiros finitos, perecederos, adiós de labios unidos,
Que en despedidas prematuras están,
Señalando finales indeseables.
Preocupados del tiempo,
Unos, los viejos, por la hora que se acerca y no se detiene.
Los otros, los amantes, porque las despedidas siempre están presentes,
En cada beso, silencio, sonrisas y miradas.
Así, el tiempo es valioso, unos por la vida
Que se va quedando en cada paso,
Otros por el adiós de siempre que no perdona.
Y se alejan el uno del otro, como el viejo de la vida,
Con sabor de rabia y pena,
Furor y soledad,
Pasión en silencio,
Uno y otro,
Van,
Paralelas no coordenadas de esta vida así,
Siempre viniendo, siempre yendo,
Cual viajeros eternos sin regreso.

La llegada

La protagonista de mis sueños visita mi casa,
En la hora tibia de un sol de primavera,
Cual hojita nueva llega silenciosa y,
Más allá de todo se va convirtiendo,
En vida, pasión, ternura y tensión inmensa,
Aquí tan mía y cercana a mis manos ansiosas,
Que la buscan y estrechan insaciables.

El hada de mis sueños visita mi casa,
La veo venir serena por la calle sinuosa
Cual brisa de mayo, flores, amapolas llega,
Y en mi locura creo aún que es un sueño,
Sus ojos profundos, sus labios tan míos,
Su cuerpo tibio como greda de verano,
Bullente de sol y de algas marinas.

Paredes silenciosas amparan nuestro amor,
Y nunca más estaré solo en noches de invierno,
Pues te quedaste toda en cada cosa,
En cada rincón antes desierto,
Y te veré sonriendo, siempre allí, hermosa,
Mirándome así, como diciendo,
"soy tuya en tu reino y nunca más
Me iré para siempre si no es contigo."

Reflexiones en la aurora pálida de un día

Ardientes reflexiones en la aurora pálida de algún día,
Que no importan, tiempo ni edades, circunstancias o historia,
Es un amor suspendido en el aire, en el vacío, pobre va,
Sin hogar, sino unos besos, la pasión, miradas sin promesas,
todo así, repentino, con comienzo sin final, solo es,
sustentado solamente por ese beso primero,
noche estrellada de entonces en los rieles del misterio,
amparado entre los dos, por miradas de amor, tu y yo,
yo y tu, ¿hasta siempre?, mañana.
Ayer no hubo, solo un presente, de allí,
regresamos al comienzo, te amo,
y esto importa más que el tiempo,
que mañanas, el amor, sin hogar, así, tan solo
erigido en unos brazos, penumbras, silencios, voces,
tenues palabras, ¿para siempre?

Tarde de domingo

Son las tres de la tarde y te veo,
En un jardín de primaveras, te veo,
Mirando las flores, acariciando los lirios, te veo,
Te alucino toda, y me obsesiona tu presencia lejana,
Lo que haces o dices y debo adivinar
Tus ojos cuando están lejos,
Tu boca que recuerdo y tu sonrisa que no veo,
Es domingo y son las tres,
Te siento feliz muy lejos y no te veo,
Te imagino desde lejos, y no te veo,
Veo niños jugando,
Mientras el viento sopla los árboles,
Las rosas nacen y crecen,
Y mi amor se serena, aunque no te veo,
Solitario aquí buscándote,
En mis recuerdos, memorias,
Tratando de no olvidar,
Tus manos y tu mirada,
Y te veo.
Detrás de la neblina donde caminas hacia mi;
Pero no me ves,
Hay un jardín, niños y flores,
Alguien, sombras, pasado,
Una niña de trenzas, ojos almendrados,
Otra joven, el álbum de fotos,
Retratos tuyos en la pared,
Caminos solitarios, soles pálidos,
Y siempre allí, te alucino, te veo,
Porque es tarde de domingo,
Tu luz se aleja y viene la noche,
Y aún entre estas sombras, te veo,
Y me hundo en la niebla, pensando,
Que quizás otro día si te vea,
Junto a mí,
Sonriéndome y mirándome.
Hasta otro domingo a las tres de la tarde,
Cuando te añoro y te veo.

Qué bien me hace tu voz

Qué bien me hace tu voz
Cuando no estás,
Y llegas en tus palabras
Aunque sean dos, o simplemente un susurro.

Es cómo si vinieras toda,
caminando hacia mi, tan bella,
y es sortilegio tu voz,
porque me serena,
y hace menor la distancia,
y mucho mayor la pasión,
que en mi corazón se renueva.

Qué bien me hace tu voz,
Perfume de abriles otoñales,
Hálito de vida que me visita,
En mi silencio y soledades.

Y sé que no estoy solo y que estás tú,
Y que algún día, una mañana, una noche, quizás,
Me hablarás al oído
Y la voz será con tu cuerpo,
Que estrecharé entre mis torpes brazos,
Y me alimentaré de ti,
Hasta tu próxima llamada.

Para ti

¿Qué silencioso acuerdo existe entre mi mano y el borde de tu cadera?
Puedo sentir su movimiento como si en mis palmas tuviese imanes
Milagrosos y,
Mis dedos fuesen la prolongación de mi pensamiento hacia ti.
Dejo rodar mi mano por el ángulo exquisito de tus caderas,
Y las siento vivir cuando su calor y movimiento traspasan
Los poros insaciables de mi piel,
Se van por dentro de mí las vibraciones deliciosas de tu cuerpo,
Y tus muslos cálidos son cómo ramas de un árbol frondoso,
Que se elevan hasta tu boca, mí boca.
Te siento en mi y olvidado del mundo soy todo yo, todo tú,
En tu rostro de niña, tus mejillas, ojos entrecerrados,
Cejas que descansan en la penumbra.
La vibración de tu vientre alimenta en mi interior,
Un hambre eterna por tus besos,
Y ya no soy yo, y ya no sé quien soy,
Pero sé que eres tú y estás así, dentro de mí.
Tu cadera enloquecida me conjura y olvidado de la noche,
Las estrellas, la diminuta vorágine del tiempo,
Entiendo que éste si que es eterno en la mirada de tus ojos,
En el sabor de tus labios, en la suavidad de tu cuerpo,.
Y al fin, ¡qué me importa la sombra del pasado,
El viento que sobrevuela una ciudad extraña, mañanas tristes,
Arboles desnudos y la neblina que rodea tu casa,
Y el camino que recorremos cada día!
si sé,
Que en algún momento, mi mano rozara tu cadera,
Y descansaré mi cara en el lecho de tu pelo,
Y tu olor será solo mío en esa oscuridad,
Pensando que un segundo es un año y que allí,
En este mundo repentino y vorágine de vida,
Nos amamos sin temer,
Y lo que haga o diga no importa cuando entre mis brazos,
Te siento toda mía y escucho tu voz de mujer,
Tu respiración tranquila,
El latido de tu pecho, ritmo de amor que nos hace volar
Más allá de la tierra donde somos tú y yo, yo y tú
Los únicos que existimos en esta noche silenciosa,
En la pequeña habitación,
Morada transeúnte de mi mano y tu cadera.

Por ti soy actor

Por ti soy un actor:
Río canto y bailo,
Como si no estuvieras,
Aunque siempre estás
Como tú muy bien lo sabes.

Y en la mesa blanca
De las cosas de esta vida,
No te miro, aunque te miro,
No te escucho, aunque respiro tus palabras,
No te toco, aunque mis manos anhelan tu cuerpo,
Y no digo que te quiero, porque sé que tú lo sabes.

En este escenario con luces
Te veo tan cerca y no me acerco,
Y es pesadilla y verdad
Y verdad y pesadilla,
Tú allí, yo aquí,
Porque no estamos, no somos,
Y sonrío cuando no quiero sonreír,
Y hablo cuando quiero callar,
Y soy otro, un actor, tu actor,
Y presento mi triste acto lo que mejor puedo,
Para ti, mi actriz y bailarina,
En la pista en penumbras de una noche sin estrellas.

Me duele tu distancia
Tus manos en otras manos
Tu cuerpo en otros brazos,
Tu mirada en otras miradas,
Tus labios en otros labios,
Pero recuerda, soy actor,
El más infeliz, más no río a carcajadas.

Me refugio en el recuerdo
Mientras actúo,
Voy a otra noche, tú y yo en otra mesa,
Y te puedo mirar,
Tus ojos me miran solo a mí,
Sabes que te quiero,
Y te lo digo en susurros
Tú sonríes,
Y por una noche no fui actor, y fui solo tuyo, yo.
Me ayuda el recuerdo
Mientras giro en otros brazos
Rodando por la pista sin estrellas.

Cuando te llame y esté solo el silencio

Cuando te llame y no esté sino el silencio,
Y el calor de tus miradas viva ausente,
Cuando roce con mis labios tu áurea frente
Ni pueda darte este mi amor, caudal inmenso,

Y ya no escuches de mi boca lo que pienso,
Encadenado a los pilares del presente;
De mi dura prisión cual brasa ardiente,
Irán naciendo, vida mía, estos recuerdos:

Llegando hasta mi lecho entre las brumas,
Desde la niebla vas regando en mí tus rosas
Y tus besos se derraman cual espuma.

Y fuimos uno, y yo, tu piel besando,
Y el pensamiento me consuela tantas cosas
Que así tu ausencia no será distancia dura.

¿Y que importancia tendrían?

Y que importancia tendrían amargos,
Cielos oscuros y abismantes,
Y saber, por ejemplo que me hundo,
Aunque ahora pienso que vuelo,
En el hondo frío de esta noche,
Y en estrellas que dormidas,
Lloran silencios y más silencios,
Lejos de ti ¿quizás para siempre?
Acompañando soledades,
(Amistades peligrosas,
Y no por primera vez cabizbajo)
Inicio una vez más,
Esta ruta de regresos.

Y aunque no lo creas, pienso en ti,
En nuestras vidas,
Sin saber si tú pensaste,
En algún momento en mí,
En esa última mañana de adioses como de extraños,
De miradas esquivas en primavera triste,
Tras barrera edificada sobre el terrible silencio,
Queriendo en él enterrar,
Lo que fuimos, lo que somos,
Lo que nunca más seríamos,
Sin que haya jamás existido,
Ni siquiera mal insinuado,
El verdadero ¿porqué?

Como si fuera cosa fácil conjugar un adiós,
Y terminar de tres plumadas horas que no se olvidan,
Susurros que no se apartan,
Cálidas horas de silencio,
Tristes recuerdos recuerdos,
Que yacen hoy encerrados,
En mi maleta de viaje.

En la triste aventura de esta noche,
Rumbo a inviernos, soledades.

Solo vine, así regreso,
Y mi única esperanza, es que termine el viaje,
De horas inmóviles, pensamientos,
En la altura implacable donde mi pena yace.

Tu allá, y yo aquí, el clímax de la incomunicación,
El éxtasis de los adioses,
El solazarse del silencio,
En la crueldad de los rechazos,
Que vivo y muero como si fueran castigos,
Por el pecado final, de haberte amado.
¿Es éste un pecado?

Toda mi humanidad en un triste rincón silencioso,
Sin paisajes en las alturas,
Cercenadas de luz, allí en la noche,
No hay teléfonos que suenen,
Ni tu voz que está muy lejos,
Y no llega aunque fuese,
Solo así, a la distancia,
Dando esperanzas en el camino.

Y por eso, tal vez por eso me voy hundiendo,
En esta noche y,
Tú no estás aquí y quizás ya no te importe,
Y todo da ya lo mismo,
En el medio de un espacio donde no se está
En la cabina de metal de águilas infernales,
Bajando, siempre bajando, o quizá subiendo,
Teniéndome sin cuidado la posibilidad de un regreso.

"Quizás en la otra vida"
Pero es ésta la que vivo,
Esta fue la que vivimos,
Y quizás fue solo un sueño,
Y en el medio de esta noche,
Pienso en ti, pienso,
Aunque tú no pienses en mí,
Aunque yo no sea ni un recuerdo

Resacas

Muchas Cenicientas de San Francisco no volvieron.
Abuelas jóvenes, bailarinas impenitentes,
De los "mamas and the papas."
Y yo, allí y aquí, entre suicidios y abortos,
Jeringas y parafernalia, actores-políticos,
Reverendos y misioneros,
Escribo un poema solitario,
Arrimado a una mesa,
Igual a otras setecientos y veinticinco mesas,
de un motel, esperando que den las doce,
para asesinar a la Cencienta.

1986

El álbum

Yo tengo también un álbum de fotografías,
Colección peculiar donde siempre cumplo veinte años,
Y sonrío abrazado a novias que solamente existieron,
En mis trasnochadas fantasías, enredadas en sábanas,
Donde al despertar, solamente encontré el vacío.
En mi álbum, donde siempre sonrío,
Hay un país sin pronunciamientos ni toques de queda,
Primaveras sin interrupciones y amantes,
Que soñé, cuando las estrellas morían.
Cuando miro el otro álbum, aquel que tú conoces,
Recorro sin emoción sus páginas,
Donde las sonrisas son predecibles,
Detrás de miradas que no descubrió la cámara.

1986

Crónicas Valentinianas

Juan Daniel Brito

Libro Primero

Dedicado a mi madre, Javiera Pereira Cancino, y mis segundas mamás, Carmen Class de Delgado, y Valentina Silva de Recabarren

"El mecanismo de la memoria está situado en el hipocampo del sistema límbico ubicado junto al lóbulo temporal medio del cerebro, y lo componen el asta de Ammon y el giro dentado"

Apuntes de las clases de biología del profesor Luis Ceroni, 1963

En algún lugar de Santiago, 1988

Qué fácil, pero a la vez difícil es recordar.

Nuestro álbum mental de situaciones, rostros, temores, alegrías, olores, sabores, o incertidumbres, parece tener muchas páginas; pero como sucede en los sueños, mientras más volvemos nuestra mirada hacia el pasado, los recuerdos son imprecisos, y en determinado momento no podemos ir más allá, aunque intentemos forzar esa puertecilla antojadiza denominada memoria.

¿Es qué el acto consciente o inconsciente de olvidar, es el cierre definitivo de los accesos a ciertas reminiscencias que ahora desearíamos ver desfilar ante nosotros cual documental lógico y preciso con trama, comienzo, clímax y un final agradable?

Nuestra memoria a largo plazo (MLP), está limitada por imprevistos vaivenes y es todavía un mecanismo imperfecto, salvo aquellas imágenes y voces aisladas que perdurarán con nosotros hasta el sueño final; pero que a veces pueden confundirse con delirios; las arrogantes pretensiones de realidad de los frágiles sueños, o aquellos imaginados e irrealizables deseos hundidos ya en el pasado.

Sin embargo, algunos momentos de nuestra infancia y juventud, pesadillas o remotas circunstancias, estarán siempre allí, como aquellos breves noticiario en blanco y negro presentados en los cines del barrio, previos a las películas donde actuaban Miguel Aceves Mejías, Libertad Lamarque, Rodolfo Valentino, Chaplin, o personajes anónimos de la antigua versión de la "Pasión del Señor" de Cecil DeMille.

Estos distintivos episodios son mensajes escuetos, y con una concisión que nos defrauda ya que a partir de ese pequeño tramo de vida, y aunque intentemos deducir lo que sucedió antes o después del cortometraje; resulta una tarea imposible, y rara vez podemos rehacer lo ya desvanecido.

En esos tramos imprecisos de la primera infancia, no existe necesariamente una concordancia en la historia, las causa ni las consecuencia. Es un relámpago súbito iluminando ciertas imágenes en ese país de sombras, donde aún permanecen ocultas nuestras cercenadas remembranzas.

De lo único que estamos seguros, es de la existencia de un protagonista principal, nosotros mismos; enfrascados en la tarea de rebuscar infructuosamente retazos del tiempo, y pensando ingenuamente que hojeamos un álbum de fotografías donde todo es predecible, con esas fingidas sonrisas contenidas en imágenes color sepia ya marchitas.

Pero a veces, y en un esfuerzo colectivo para recobrar lo pasado; los amigos de esos tiempos nos ayudan en esta voluntariosa búsqueda, y juntos vamos rellenando espacios que parecían muertos, o los instantes ocultos por esa cortina imposible de descorrer, aunque las palabras mágicas ¿te acordai?, ayudan a darle forma a esas confusas y fragmentadas historias.

Así, con la ayuda de esas invocaciones, el breve documental regresa en modestos retazos, y podemos recrear a veces un paisaje, sentir nuevamente el frío o el calor de aquel día en particular, repasar los sentimientos de pena, la sensación de perplejidad o de la alegría de aquel precioso momento, y eso es todo.

Lo demás se ha perdido para siempre, y así lo recordado tendrá sabor a poco adosado a una nota de tristeza de esa irremediable amnesia permanente.

Pero no podemos quejarnos, ya que la memoria a través del recurso del olvido, obstruye también ¿para siempre? agobiantes y dolorosas vicisitudes.

Sin embargo, ¿será verdad que todo ese cúmulo de recuerdos ocultos en esquinas inescrutables de la memoria, se presentan en una acelerada versión final al momento de la muerte cuando ya es muy tarde?

¿Es esta procesión acelerada de recuerdos como un misterioso carrusel cuyo operador nos permite abarcar por última vez toda nuestra vida en tan solo fracciones de segundo; mientras se van apagando para siempre las luces que iluminan el interior de nuestros cuerpos como un eclipse total de infinitos universos aún desconocidos?

Pero yo soy un científico y no un poeta, y sé que a través de estudios realizados en la Universidad de Londres, se descubrió que esta memoria a largo plazo se puede reactivar con el estímulo de vitaminas en áreas específicas de las redes infinitas de neuronas.

También se han llevado a cabo experimentos en los que el simple olor de la cáscara de una naranja, el aroma salado proveniente del mar, una imagen fotográfica, estampidos, las notas iniciales de una canción, un grito que surgió en la oscuridad a la orilla de un puente, o sugestiones hipnóticas; pueden ayudarnos a descorrer esos tramos inalcanzables.

En el futuro, quizás tengamos un mejor acceso a ese cuarto de atrás, donde están aquellos recuerdos amontonados como cachivaches a los que aún no tenemos acceso. Es que a pesar de nuestra soberbia intelectual, desconocemos muchas cosas, y una de ellas es el proceso de la memoria.

El primer despertar

Rogelio recordaría muchos años más tarde, como su conciencia despertó entre las brumas de esa somnolencia de la primera infancia, alrededor de los cinco años, ¿o quizás antes?

Era exactamente el año 1955, y fue la primera vez en experimentar el paso del tiempo, aunque no recuerda la causa de ese portento. Estaba seguro, era 1955, y por primera reconoció esos números en caracteres rojos, impresos en el borde superior de un calendario colgado en la pared del comedor de su casa, al lado de la foto de un condecorado y sonriente general norteamericano de apellido Einsenhower, aquel de la guerra fría.

La maravilla de ese despertar encuadrado en doce meses, acaeció repentinamente en una mañana cuando vio a su mamá llorando, escuchando las noticias por la radio RCA, esa con la imagen de un perro, hablando o más bien ladrando a través de una bocina.

Recordaba la voz con tonos dramáticos de un locutor con un acento distinto a través de una transmisión interrumpida constantemente por la estática. Después entendería atando cabos, que era la descripción en vivo de la caída del gobierno de Perón en Argentina, producto de un golpe de estado dirigido por los militares en el mes de septiembre de ese año.

¿Qué era un gobierno? ¿Por qué lloraba la mamá? ¿Quién era Perón? ¿Qué era una dictadura?

Se haría las mismas preguntas muchas veces a través de meses y años, pero no lograría comprenderlo, a pesar de sus denodados intentos y curiosidad infantil.

¿Funestas premoniciones? ¿Un instinto de los peligros que acechaban en ese Santiago del años 50 a una de las tantas familias cuyas modestas viviendas parecían protegidas, o tal vez atrapadas por esos cerros y colinas?

No lograría recordar si esas noticias llegaban a través de la radio durante la primavera o el otoño de 1955; pero estaba seguro que era por la mañana, y la escena se situaba en un pequeño comedor con la inolvidable mesa familiar, varias sillas, y el mueble donde reinaba el receptor radial de tubos, y un reloj despertador de cuerda, unas de las pocas joyas de su hogar.

El sol matinal entraba débilmente por una estrecha ventana, e iluminaba ese ambiente de expectación y tristeza. ¿Por qué no estaba en la escuela? ¿Dónde estaba su papá?

Este era como ese otro recuerdo repentino, un día también por la mañana, regresando de la mano de su madre desde el viejo policlínico localizado en la esquina de la Avenida las Torres y la calle Colombia, donde llegaba un médico una vez a la semana; y los vecinos debían esperar en los meses fríos de invierno o en el verano, en una fila formada desde las cinco de la mañana, para conseguir un número.

En ese recuerdo inconcluso, su mamá viene triste, y la abuela Elena camina cubierta por un reboso negro, y una larga falda negra como las que usaban las mujeres a comienzos del siglo, y se veían en las películas españolas, "Marcelino Pan y Vino," o "La pródiga."

Los tres van cabizbajos por la calle polvorienta por donde corren dos acequias, y él camina sin entender mucho lo que sucede, pero percibe algo inusual en su limitada rutina vital de los cuatro años o cinco años.

Rogelio siempre ha pensado en esa temprana experiencia, y piensa que está relacionada con la enfermedad y muerte de su abuela.

Repentinamente, y sin forzar mucho la barrera de la memoria; viene aquella imagen semejante a una vieja cinta en blanco y negro con sabor a escenas en un pueblito de la costa, donde la niebla proveniente del mar, oculta las casas y desorienta al viajero desprevenido.

Ahora en sus evocaciones, surge una enorme carroza tirada por cuatro caballos negros, intentando infructuosamente salir de una laguna que se ha formado en la avenida debido a la inundación de un día de julio, en pleno invierno santiaguino.

Por una vereda casi inexistente e inundada por las turbias aguas; ve a las tristes siluetas de decenas de personas caminando con dificultad hacia la avenida principal, llevando ramilletes de flores y coronas, y pisando con precaución las piedras e improvisados puentes de tablones, que en algo ayudan a los caminantes a evitar el barrial.

En otra escena y probablemente esa misma tarde, aunque no está seguro; Rogelio está sentado en el piso de tablas del comedor de su casa intentando escribir o dibujar algo, pero solamente logra hacer unos círculos imprecisos sin conseguir hacer sentido en ese papel que borronea, observado por dos vecinitas sonrientes que le cuidan mientras sus padres regresan del cementerio. ¿Son ellas Gladys y Carmencita Aguirre, las hijas de la señora Hilda?

¿Corresponde esta escena al día en que murió su abuela en 1952 y cuando tendría tres o cuatro años; o pertenece a otro momento absolutamente desvinculado de aquel triste funeral castigado por la lluvia, y el gélido viento bajando desde la cordillera hasta el valle de Santiago?

Con el paso de los años, Rogelio estudiará el efecto de los recuerdos traumáticos en niños que viendo llorar a los adultos, se sienten inseguros y perciben algo inusual; pero sin lograr precisarlo. Solamente sienten, pero no procesan esas imágenes a veces agobiantes para sus tempranas conciencias.

La muerte es un hecho importante, como también un nacimiento, y ahora Rogelio cree recordar exactamente en dos escenas, la llegada de su hermanita con sus padres desde la maternidad. Atando cabos, sabe que es el mes de octubre de 1950, y en ese retazo de película ve a un niño pequeño destrozando las flores de un jardín situado frente a una casa provisoria, construida con adobes y tablas.

Rogelio corre perseguido por su abuela que le regaña por los innecesarios destrozos, le llama por su nombre y le amenaza con una varilla, ¿o es una correa?

En esta carrera febril del jardín familiar, van cayendo las calas y otras flores destruidas sin piedad. Allí la escena termina abruptamente, pero retorna más tarde cuando un automóvil de color marrón, de aquellos modelos Ford de los años 40, se detiene frente a su casa, ve descender a su mamá con un pequeño envoltorio en los brazos, y a su papá con una maleta de cuero, la misma que usarían en otros viajes hacia el sur.

En este breve segmento, surgen los majestuosos cerros Manquehue y Pan de Azúcar en una tarde soleada y tibia, aunque brumosa. Después, la película continúa en la cocina de su hogar, y aparece la figura de su madre dándole con una sonrisa y un beso, una cucharadita de manjar blanco. Regresa a su conciencia el agradable sabor dulce de la mermelada y de pronto, la escena termina abruptamente; como si todos los actores hubiesen obedecido la orden de un invisible director de cine, y desaparecieran para nunca más regresar.

¿Dónde están los demás episodios que siguen a estas escenas entrecortadas apareciendo como si fuera al azar en tardes frías de inviernos extranjeros, cuando Rogelio escribe y escribe, echando a rodar su memoria, deseando encontrar la continuación de retazos de imágenes, colores y voces de otros tiempos?

Una tarde de abril de 1957, 18 horas

● Están matando gente en el centro! ha gritado Don Custodio con la cara desencajada por el miedo, y cruzando como un celaje la calle polvorienta en dirección hacia su modesta pieza en el conventillo de Rosa Pino. Va cargando esa vieja canasta de mimbre cubierta con un paño de saco harinero impecablemente blanco, cubriendo algún tipo de mercancía.

Las palabras "vendedor ambulante" y "mujer de la vida," son desconocidas para los oídos de los niños cuando las vecinas se refieren a ese mensajero que trae las últimas novedades del "centro," o ven pasar por las noches a una mujer alta pero cabizbaja, caminando sin prisa hacia la gran avenida.

El vendedor va siempre apresurado cada mañana para vender sus mercaderías en Mapocho cerca de la Plaza de Armas de Santiago. La mujer regresará por la madrugada con un paso cansado, montada sobre unos altos tacones y apretando sobre su pecho una cartera de color negro.

"¡Yo escuché los disparos!" dice esa tarde doña Ana medio llorando, y mirando constantemente hacia atrás, como temiendo que alguien la siga.

Los vecinos y vecinas están alertas en las frágiles puertas de sus casas, pendientes de lo que sucede en la avenida grande, esperando con ansiedad a las esposas o esposos, hermanos, o hijos que debieran regresar desde Santiago.

Son chóferes, cocineros, empleados, carpinteros, mozos, vendedores, ascensoristas, arsenaleras, garzones, lustrabotas, oficinistas, u obreros, yendo cada día a sus labores en micros desvencijadas, repletas de pasajeros, o en los ya alicaídos tranvías.

Nuevamente Rogelio recuerda a su mamá esperando con él y su hermanita la llegada del papá que trabaja frente a la Catedral de Santiago donde dicen que hubo un violento altercado entre estudiantes y militares, ¿o son los carabineros?

Las vecinas se miran con angustia, y en la medida que algunos trabajadores llegan desde el centro de la Capital, las historias van circulando por el barrio; creando alarma y temor entre los que esperan.

"Dicen que han matado a varios estudiantes," susurra la comadre Rosa quien con su mamá la señora Panchita, miran hacia la avenida donde ya no circulan los microbuses.

¡Allí vienen! gritan repentinamente las vecinas, y Rogelio recuerda ir corriendo al encuentro con su padre y el padrino Pedro, que avanzan apresuradamente desde el pasaje de la esquina. Como muchos otros, han caminado desde el centro de Santiago hacia su barrio, porque los autobuses y vehículos de la locomoción colectiva han desparecido de las calles.

Han entrado a la casa, y en ese comedor modesto, la familia encuentra finalmente un refugio. La llegada del padre ha aliviado la tensión de esa dramática tarde, y todos comen en silencio escuchando la Radio del Pacífico con los noticiarios acerca de las llamadas "revueltas de abril."

Rogelio creció escuchando los tiros de práctica del regimiento cercano, y los desafinados ensayos de la banda de guerra cuyas monótonas melodías llegaban al barrio con las brisas del sur de los meses de marzo. Esos disparos combinados con la melodía de marchas alemanas, se alojaron para siempre en la esquina de aquellos recuerdos, y por lo tanto la palabra "balaceras" no le eran extrañas en su aún limitado vocabulario.

Ya es de noche y nadie camina por las calles. En su lecho escucha algunos pasos presurosos de personas que como su padre, han caminado horas para llegar a sus hogares.

El gobierno ha declarado el estado de sitio, y en el casco viejo de la ciudad; patrullas de carabineros se han apostado en las esquinas, disparando a los que no obedecen el toque de queda.

Una mañana de junio de 1957, 07:47 a.m.

El aspecto exterior de la antigua casona es diferente en ese amanecer brillante del mes de junio. Las nubecillas de vapor surgen como una niebla mágica desde las profundas grietas de las paredes de adobones, cobijando amplias habitaciones atochadas de malgastados pupitres escolares.

Los estrechos y sombríos cuartos con cielos altos y descoloridos, son ahora opacos salones de clases con amplios ventanales y despintadas puertas mamparas que dan hacia tres zaguanes interiores. El caserón desemboca en un amplio patio con parrones, donde en el pasado estaban las caballerizas y el resto de las habitaciones sirviendo de albergue a la servidumbre de alguna acaudalada familia santiaguina.

En las primeras décadas del siglo XX, en cada uno de esos cuartos vivían aglomeradas las familias de empleados subalternos de la administración pública, profesores que enseñaban en tres turnos en los liceos de Santiago, estudiantes pobres con vocación de poetas, poetas con una vocación eterna de estudiantes, comerciantes de poca monta, usureros, jóvenes universitarios del sur de Chile, y viudos o viudas jubilados.

Con el paso de los años, y en aquellos lejanos días de invierno de 1957, la casa parece cumplir su última misión, y desde hace algunos años es el anexo de los cursos preparatorios del Liceo Número Uno de Hombres Valentín Letelier.

El nombre del meritorio educador y estadista, está grabado en una enmohecida placa de metal montada sobre un viejo trozo de madera. Es el número 453 de la avenida Recoleta, y a su entrada hay unas gradas de piedra, haciendo juego con antiguas puertas carcomidas por el sol, la lluvia y el viento.

Los patios internos dividen la vetusta construcción en tres secciones, y ese día viernes excepcionalmente soleado y con un cielo intensamente azul; las baldosas descoloridas y rotas están cubiertas por una leve capa de escarcha.

Los charcos de agua formados la noche anterior después de las torrenciales lluvias, brillan como espejos por las transparentes capas de hielo que reflejan los tonos brillantes del firmamento.

Veranito de San Juan en Recoleta

Aunque hacía frío, los estudiantes estaban alegres en esos inusuales días radiantes del "Veranito de San Juan," cuando cesaban súbitamente los temporales de junio, y aparecía otra vez un sol brillante, después de días grises con aguaceros y ventarrones huracanados, azotando desde fines del mes de mayo al viejo Santiago del Nuevo Extremo.

Las violentas ráfagas de viento arrancaban trozos de techos, echando por tierra las ramas de los árboles, y los cables del tendido eléctrico. Eran aquellas interminables noches de ansiedad, braceros, apagones de la luz, débiles llamas de velas, temor, incertidumbre e insomnio para los pobladores de los barrios nuevos de la periferia norte, sur y poniente de la ciudad.

Sin embargo en esos días de junio, el invierno parecía repentinamente una imagen lejana del pasado, y la imponente palmera chilena del último patio del liceo; se erguía vigilante, superando en altura a los desvencijados y grises techos de almacenes de abarrotes, escuelas vocacionales, panaderías, depósitos de vino, casonas antiguas, y conventillos de ese barrio gris venido a menos a través de las agitadas décadas del comienzo de siglo.

A medida que aumentaba la luz del día, decenas de raquíticos gatos salían de sus improvisados refugios nocturnos, buscando el precario calor del sol que aparecía brillante detrás de la estatua omnipresente de la virgen María, en la cumbre más alta del cerro San Cristóbal.

Desde los techos, los pequeños felinos miraban alertas y flacos, bostezando y deslizándose ágiles entre deterioradas canaletas del agua

195

que mal protegían las paredes de adobones corroídas por el paso de los años.

Como los gatos, ellos también caminaban entumidos e inseguros por la vereda poniente de Recoleta, donde estaban los edificios del Liceo de Niñas número cuatro, y la escuela Normal número uno, semejantes por su color y fachada, a los vetustos y siniestros cuarteles de regimientos.

Tiritaban de frío embutidos en los pantalones cortos abotonados a la cintura, y sostenidos por los irregulares suspensores. Por alguna razón para ellos desconocida; la mayoría venían pelados casi al rape, y solamente un ridículo mechón de pelo les caía en la frente, evitando la prematura e indigna calvicie semejante a la de los reclutas del regimiento Buin, o a la de los delincuentes arrestados por los detectives de Investigaciones, a quienes, después de la acostumbrada paliza; se les rapaba como una forma adicional de castigo y escarnio público.

Completaban la insólita indumentaria de invierno, aquellos pesados abrigos con cinturón a la europea y cuello de piel, que por lo largo parecían sotanas. Aun así, y pese a los calcetines que les llegaban hasta las rodillas; sentían las canillas entumecidas cuando cruzaban temblando y con precaución las bocacalles empedradas, sobrevivientes de otros tiempos.

Los rieles de metal de los casi desaparecidos carros, llamaban la atención a los nuevos liceanos, y parecían la ruta incierta y misteriosa de un tren que iba hacia algún paradero ya inexistente, perdiéndose a la distancia en dirección al cerro Colina.

A esa hora, la procesión diaria e interminable de miles de niñas, niños y jóvenes avanzaban con alegre bullicio por la estrecha avenida, después de bajar apresuradamente de las destartaladas micros, de los tranvías eléctricos, y de los modernos buses japoneses marca Fuso; o simplemente caminando desde las calles cercanas a la avenida, donde vivían los turcos y los árabes.

Los estudiantes avanzaban apresurados y animosos en aquella sección de Recoleta con decenas de escuelas y liceos que se extendían desde el cerro Blanco y la Iglesia de la Viñita por el Norte, hasta el centenario templo de los frailes Recoletos, una de las ordenes mendicantes llegadas a Chile desde Europa.

La calle adquiría así vida propia a esa hora de la mañana, con los ecos de las voces y gritos juveniles, las carcajadas musicales de las liceanas, los vozarrones destemplados de los vendedores de periódicos, y los gritos de mujeres que ofrecían en sus canastos de mimbre naranjas, limones y membrillos, iluminados por el tímido sol naciente.

Un hombre mayor arropado hasta los ojos con una desteñida manta negra y a quien los muchachos llamaban "el pirata," gritaba con voz ronca "¡avellanas, maní y nueces!" mientras otras señoras con impecables gorras blancas, vendían pan amasado caliente con chicharrones.

Los que podían se arremolinaban alrededor de los comerciantes ambulantes para comprar turrones y golosinas, o simplemente miraban el prodigio de la chimenea humeante del barquito en miniatura de un vendedor de maní tostado, anclado en la esquina de Recoleta con la calle Buenos Aires. La embarcación de tierra lucía pomposamente en su proa el nombre de "Cristina."

Los "enanos" se paraban mirando hacia el sol invernal, y así capeaban un poco el frío de la mañana, mientras otros se dirigían hacia la vieja casona llevando casi a la rastra los pesados bolsones de cuero con vistosas hebillas de metal barato, repletos de libretas, acuarelas, lápices de colores e instrumentos de geometría.

Para muchos, junio era su cuarto mes en las aulas del liceo, y se sentían más habituados a ese barrio con herméticas casas de un piso, puertas que parecían eternamente cerradas, murallones con colores desteñidos, ventanas con férreos postigos, y veredas disparejas por el ajetreo constante de los transeúntes, y los terremotos que usualmente azotan cual maldición telúrica a la capital de Chile.

El cielo en esos días de junio era inusualmente azul, y la lluvia de la noche anterior había disipado la perenne neblina en una ciudad tempranamente contaminada por el humo de tranvías, autos, y las fábricas textiles del sur de Santiago.

A la entrada de la vieja casona, los enanos se agrupaban como quiltros realengos azotados por el frío; y contaban a modo de pasatiempo las decenas de carretelas tiradas por tristes caballos enflaquecidos, y guiadas por hombres abrigados hasta las orejas.

También les llamaban la atención los crujientes carretones de mano arrastrados por atletas de complexión poderosa; admirando el balance milagroso de los numerosos bártulos atados con sucias cuerdas sobre los triciclos de transporte. Estos se dirigían veloces y a fuerza de pedaleo hacia la Vega Central, llevando cajas de madera repletas con mercaderías y verduras.

Era un tráfico constante y bullicioso dirigido por adustos carabineros estacionados en medio de la calle, antes de la inauguración de los semáforos en las esquinas principales de la avenida. Parados en forma marcial encima de cajones verdes, embutidos en sus pesados abrigos militares; observaban con gesto hosco cada uno de los detalles de la constante procesión de vehículos y estudiantes.

- ¡Miren niños, allá viene el Tarzán Chileno!
- ¡Le va ganando al pelao Guille!
- Pero el carretón del Moisés va más cargado con cajas . . .
- Igual no más, igual no más cabrito . . .

Raudo pasa frente a los estudiantes un hombre alto cuyo rostro de ojos hundidos se asemejaba al de Tarzán el hombre mono, héroe de las películas en blanco y negro de moda en los cines de Recoleta. Alguien decía que Moisés, además de arrastrar todos los días un carretón de mano repleto de cajas con frutas en dirección a la Vega Central; era también un luchador aficionado, invitado frecuente al gimnasio de los Aguirre, y novio de la hermosa Margarita, una de las buena mozas del barrio El Salto.

¡Buena Moisés! gritan y aplauden los niños al paso del atleta que les sonríe mientras arrastra con bríos el carretón a través de la empinada pendiente de la calle. Por la tarde y cuando la Vega Central cierra sus puertas, los carretoneros ya sin las decenas de bártulos, parecían volar por la calle en descenso, dando brincos en el aire, aprovechando la velocidad que les facilitaba la pendiente de la calle ahora en bajada.

Los Halcones

Es uno de los últimos viernes de junio de 1957, "el mes de los Santos," días de naranjas y avellanas, estufas a parafina, braseros con carbón de madera de quiyay o de espino, semanas interminable de guantes de lana, gorros de cuero con orejeras, bufandas, y calzoncillos largos, más largos a veces que los mismos pantalones.

En los breves recreos de la mañana, los integrantes de Los Halcones, comparten sus refrigerios y cocaví en un rincón solitario del patio grande, rodeado de altas murallas de adobones carcomidas por las lluvias. Desde el improvisado escondite pueden ver la augusta palmera ligeramente inclinada hacia el patio donde los estudiantes practican baloncesto, e improvisan pichangas con pelotas de trapo.

El lugar preferido de encuentro y meriendas de invierno, estaba cerca de la casa del conserje, que camina cabizbajo y lagrimeando por la prematura muerte de su hijo menor de cuatro meses.

Los niños están ocultos detrás de unas latas de zinc que dividen el anexo del liceo de una fábrica, y se sientan a conversar, planeando futuras batallas.

Terminada la primera clase, Chávez, líder de la pandilla, susurraba la palabra "reunión" y todos sabían de antemano donde y cuando reunirse. Era un ritual diario que les mantenía estrechamente unidos en ese ambiente nuevo, y a la vez amenazante, en sus ojos de novicios recién llegados.

"Debemos estar en estado de alerta porque algo va a pasar," les decía con su cabeza cubierta por un chullo multicolor boliviano, regalo traído por su padre desde el puerto de Arica donde trabajaba desde enero como prefecto de Investigaciones en aduanas.

Esa mañana Chávez lucía pantalones Pecos Bill, y una chamarra de colorida lana de alpaca. De sus bolsillos sacaba constantemente dulces y gomas de mascar con nombres en inglés, compartiéndolos en forma generosa con los integrantes de la pandillita de mocosos medios rapados y tiritones.

Al principio fue para ellos un misterio saber como el líder se enteraba de tantas cosas importantes provenientes de la casa central del liceo grande situado en el 523 de Recoleta, al costado Oriente del anexo de las preparatorias.

Con el tiempo sabrían que las novedades se las confiaba Javier Ramírez, lugarteniente de la pandillita, cuyo hermano mayor estaba en los cursos de humanidades, y bien informado de las actividades del Centro de Alumnos, otra palabra grande que les impresionaba.

Los niños escuchaban mascando meticulosamente los emparedados de huevo, y otras provisiones traídas para la merienda común; mientras Chávez contaba los últimos sucesos, y un lío con alguien del otro curso..

"¿Le pegamos hoy día al cabezón Araya?," preguntó Godoy refiriéndose a un muchachón ya crecido, flojo impenitente, y repetidor de cursos, quien con su amigote Villalobos; descargaban su frustración académica castigando a patadas e injustos coscorrones a los más chicos. La mayoría de las víctimas callaba, pero el olvido no era el tema de Los Halcones.

"No, esperemos hasta el lunes y lo agarramos desprevenido en el segundo recreo," dijo el líder después de meditar algunos segundos. Este era ágil, corredor, y soportaba sin chistar los puntapiés y puñetazos en la espalda recibidos en las rencillas de venganza con los "grandes," batallas que a veces proseguían hasta en la misma avenida Recoleta.

Su especialidad era el salto mortal hacia atrás deleitando y atrayendo la admiración de los otros enanos. Le apodaban "el mono" y se asemejaba al héroe de una popular historieta publicada todas las semanas en una revista argentina llamada Billiken.

Se acaba ya el cuarto de hora de recreo, y también las improvisadas pichangas en el patio. Los monocordes timbres suenan estridentes en los pasillos y zaguanes, y el líder con una mirada decidida; dirige a sus compañeros la arenga de costumbre: ¡Halcones, unidos hasta el fin!"

El nombre de la pandillita estaba inspirado en una popular revista de caricaturas a todo color, donde un equipo de héroes luchaban en contra de malvados y delincuentes en alguna ciudad semejante a Nueva York. Rogelio la imaginaba a través de las fotos de revistas en inglés que traía su padre desde una oficina de asuntos comerciales cercana a su lugar de trabajo.

En el grupo, cada Halcón asumía el nombre de uno de los personajes, asignado sin discusión por el líder. A Rogelio le había correspondido el nombre de Nepo, uno de los luchadores en uniforme azul de aspecto japonés. Godoy era Tarso, y había recibido el nuevo apelativo en silencio y sin discutir.

Después de la reunión secreta, los niños se despedían con un apretón de mano, y corrían a la fila que comenzaba a formarse frente a la sala del quinto "B" bajo la mirada inquisitiva y áspera de los inspectores. Uno de ellos era alto y fornido, y el otro más pequeño, pero musculoso. Ambos llevaban a veces en sus manos varillas de mimbre utilizándolas sin miramientos en las piernas de los retrasados, y ante la menor señal de indisciplina.

Muchas veces los Halcones planearon alguna arriesgada venganza en su contra, pero esas eran palabras mayores, y todo no pasaba más allá de la intención. Así, el atrevido proyecto se iba desvaneciendo en la medida que desaparecía la huella bermeja de un azote en las piernas de Godoy, víctima del inesperado castigo, precisamente cuando iba ganando una pelea a "la chilena" en contra del "chico" Ordóñez.

"¡A la fila, a la fila macacos!" gritaban en forma destemplada los vigilantes, y en cuestión de minutos, pasaban minuciosa revista a las dos hileras de enanos de preparatorias.

"¿No sabe usted lo que es una fila decente Cabezas? ¡Obedezca y callado el loro!," gritaba el inspector mirándolo con aire amenazante y varilla en mano.

La consigna del grupo de héroes era no reclamar, llorar, ni contarle a sus padres de los azotes ni coscorrones; sino que algún día aún indeterminado, cobrar venganza de alguna manera aún imprecisa y secreta, pero siempre unidos y protegidos en la cofradía imbatible de los enanos, también apodados por los grandes con el humillante nombre de "mojones."

Don Agustín

¡Calducho! La palabra se escucha repetidamente en la fila que se forma a la entrada del salón de clases, y los recién llegados no sabían el significado de ese vocablo extraño, evocando algún tipo de sopa, pero que no lo era.

"Calducho," decía el guatón Hernández, presidente del curso, guiñándoles un ojo, y mirando hacia la inspectoría general para avisar si venía el profesor.

"Calducho para los Luchos" repetía el flaco Ahumada a quien por su palidez le apodaban "finado," la repetía González, y la coreaba Carmona, esperando la llegada de Don Agustín.

La nueva palabra se escuchaba con frecuencia entre los grupos de jóvenes parados y ociosos en las esquinas de la avenida Recoleta, y a los enanos les causaba una gran curiosidad.

Eran las ocho y media y allá lejos, desde la inspectoría, viene el profesor como todos los días, erguido como un juez rural, con el pesado libro de clases de tapas verdes bajo el brazo, y en el otro, un estuche deslucido, refugio precario de un violín con el cual ilumina las clases de música y canto.

A su lado el "negro" Morales, uno de sus secretarios, le ayuda trayendo el arco del instrumento y dos bolsas con avellanas.

Hernández con su sonrisa eterna ha dado el silbido de alerta, riéndose de la vida. Domina a cabalidad la aritmética, se sabe las tablas de multiplicar, y suma tan rápido como una calculadora.

De pie, esperan con respeto al profesor. Este deja el libro y el violín sobre la mesa, levantando una nubecilla del polvo que cae constantemente desde el deteriorado encielado de yeso y de las descascaradas paredes. Don Agustín les mira con gesto paternal mientras se pasa la mano abierta por la cara desde la frente a la barbilla con tanta fuerza, como si deseara arrancarse la nariz.

"Pueden sentarse caballeros," les dice comenzando las clases.

"Gracias profesor," responden en un coro repetido simultáneamente en cada salón del viejo liceo.

Su semblante sereno emana bondad, y debido al frío y a la ausencia de calefacción en la sala; no se despoja del elegante abrigo de pelo de camello, ni de los gruesos guantes; y dando las órdenes del día a sus secretarios.

"A ver Hernández, léame la lista, y todos los niños y jóvenes prepárense para escribir la copia de la página número treinta y ocho del libro de lectura. Usen el cuaderno de caligrafía y practiquen el método Oteiza con los lapiceros de madera y así mejorarán la letra. Gómez, ¡No quiero a nadie comiendo pan en la clase!"

"Acevedo, Aravena, Brito, Cabezas, Céspedes, Chávez, Figueroa, Galdámez, Gárate, García, Godoy, Gómez, Isa, Lanas, Neira, Martínez, Melgarejo, Meléndez, Mena, Morales, Nobile, Ortega, Ramírez, Recabarren, Sepúlveda, Schneider, Valenzuela, Valladares," va leyéndolos el guatón. Así como hace una marca al lado del nombre de los asistentes, mastica en forma disimulada otra avellana, mientras el incansable Morales, limpia minuciosamente el viejo pizarrón, con una toalla vieja y húmeda de color indefinible.

Recorre con extrema minuciosidad los rincones más inaccesibles de la usada lámina de madera pintada de negro, pero ya casi inservible por el ajetreo constante de la tiza y los punteros.

Los estudiantes, desganados y friolentos, van derramando tinta en el cuaderno de composición y ésta cae impredecible y generosa desde los lapiceros de madera, transformando la plana en una colección de tenebrosos y tristes borrones que arruinan la página.

Algunos, ya aburridos con el arduo ejercicio caligráfico; se distraen tratando de descifrar las marcas hechas con la punta del compás en las cubiertas de los antiquísimos pupitres de madera donde hay manchas de tintas, nombres que ya no tienen ninguna importancia y la imagen aún misteriosa, de dos corazones con iniciales cruzadas por una flecha.

Alrededor de las diez de la mañana y antes del primer recreo, se producen las novedades cuando dos jóvenes elegantes y peinados a la gomina, golpean la puerta que presuroso abre el sonriente Hernández elevando las cejas, cerrándoles un ojo, y anticipando buenas noticias.

Los recién llegados han hablado en susurros con el profesor quien de inmediato les presenta a la clase, sobándose una vez más la cara como si quisiera arrancársela.

"Niños, los jóvenes Luis Alfaro y Juan Abdala, son delegados del Centro de Alumnos del liceo, y les entregarán una información de mucha importancia," dice el profesor.

Uno de ellos, más gordito y vistiendo impecablemente de negro; agradece la presentación con una venia, habla sonriendo y se expresa de una manera ceremoniosa.

"Niños y jóvenes del quinto B. A nombre de Carlos Sánchez, presidente de la Directiva de Centro de Alumnos de nuestro gran liceo; agradecemos la oportunidad que nos brinda tan gentilmente Don Agustín (otra venia), para anunciarles que hoy a las once de la mañana, nos vamos todos ordenadamente al Teatro Princesa donde celebraremos el onomástico del rector, del inspector general, y de otros profesores que se llaman Luis."

Los jóvenes se despiden, saludan nuevamente con una venia a Don Agustín, y salen tan rápido como vinieron hacia los otros salones de la casona para transmitir la buena nueva.

La clase continúa, y el profesor camina imperturbable entre las filas de pupitres, haciendo indicaciones rápidas y marcando con su uña los márgenes de las páginas del cuaderno marca Colón. De vez en cuando mira hacia el zaguán, y nada parece escapar a su mirada paternal.

"Se portarán bien y una vez terminada la copia, haremos unas sumas con decimales. Después del recreo iremos en orden hacia el teatro Princesa para presenciar el Calducho de este año. Morales y Hernández, llévenle por favor estos saquitos de avellanas al conserje, y en nombre mío y del quinto "B," le dan nuestro sentido pésame," agrega Don Agustín, sobándose con fuerza las manos, mientras el frio arrecia en la sala sin calefacción.

Suspiros de alivio surgen de las filas de enanos. Don Agustín olvidó u obvió la revisión de las multiplicaciones con tres números y la temida interrogación oral de las tablas de multiplicar del siete, el nueve y el doce. El guatón Hernández, uno de sus secretarios, no ha dicho nada, por lo demás es viernes, y el cielo es de un color azul radiante.

A la izquierda de Rogelio, Martínez se soba las manos de gusto y piensa con alegría en el sándwich de queso guardado en su bolsón, mientras Valladares como siempre bien modosito; limpia escrupulosamente su pluma con un pañuelo verde dedicado exclusivamente para esos menesteres.

Meléndez le hace señas incomprensibles al rucio Ortega recordándole algo, mientras que los "grandes" de los bancos de atrás se inquietan después de media hora del repetitivo y arduo trabajo de caligrafía.

Altos y ya casi con bigotes, continúan en quinto grado, y constituyen un grupo aislado que no se relaciona con los chicos. Por lo que dice Cárdenas; fuman en los baños durante los recreos y también cuando van hacia la calle Patronato piropeando a las niñas del liceo número cuatro.

Finalmente y a una orden del maestro, todos se preparan para la excitante jornada mientras terminan de borronear y borronear páginas y páginas de una copia interminable acerca de la valentía de los bomberos, y de la recordada figura de Don Valentín Letelier, voluntario en una compañía de la vieja ciudad, cuando los carros eran tirados por caballos, y el agua se arrojaba con cubetas de madera.

"Me gustaría ser bombero," susurra Chávez mientras masca disimuladamente el tercer chicle de la mañana.

"Niños, guarden con cuidado sus útiles de caligrafía, los tinteros, y por ser día viernes; haremos un pequeño cambio en el horario. Practicaremos el himno del liceo," dice don Agustín quintándose el abrigo, y abriendo el estuche de donde saca con delicadeza un desgastado violín que de todos modos impresionaba a los estudiantes, felices ante la perspectiva de evitar las clases de aritmética y el engorroso asunto de las tablas de multiplicar.

Mientras tanto Morales, ha escrito en el pizarrón con impecable letra caligráfica, las estrofas del himno y el coro que dice "¡Hurra muchachos del Letelier, nunca rendidos siempre vencer!"

Después de afinar una vez más las cuatro cuerdas del instrumento recuerdo de sus tiempos de estudiante en la escuela Normal Abelardo Núñez, y pasarse la mano por la cara con inusitada intensidad; don Agustín toma meticulosamente el arco, afina por ultima vez, e inicia la introducción del himno que más tarde entonarían los enanos en competencias deportivas, huelgas, marchas por el centro de Santiago, durante las fiestas de primavera, y en los días especiales como el del Calducho.

"A ver, a ver, Rodríguez, Machuca, González, Aguilera, Rubens, Asfura y Melgarejo; pasen al frente para practicar las voces," dijo el profesor, y de inmediato comenzó el ensayo del himno, y posteriormente el de la "Canción de Yungay" dedicada a los soldados de la Guerra del Pacífico. Los estudiantes acompañan la canción llevando el ritmo con los pies, cuestión que no molesta al profesor, y acentúa el tono marcial del himno.

Don Agustín tanto toca el violín, como da precisas instrucciones con el arco al improvisado coro, ahogándose con el polvo de la tiza y del piso.

"Tenemos que practicar más en la próxima clase. Hay muchas desafinaciones por superar antes del 15 de septiembre. Niños, aprendan de memoria la letra porque pondré una nota en música," dijo finalmente, guardando el instrumento, dándole el arco a Morales, y pasándose una vez más la mano con energía por la cara, ya algo enrojecida por la práctica y el esfuerzo.

"Hernández y Morales, repártanles tres avellanas a cada niñito que haya guardado a tiempo sus útiles escolares," dice, y se pone el abrigo y los guantes de cuero. Se detiene frente a una de las ventanas, y mira el cielo azul como si quisiera saturarse de la luminosidad de aquel inusual día de sol primaveral en pleno mes de junio.

¡Calducho!

Cerca de las once de la mañana, Don Agustín dio la orden de partida. Los enanos cogieron entonces sus bolsones de cuero, el negro Morales borró en forma impecable el pizarrón, todos se pusieron los abrigos/sotanas, los guantes y las gorras; y en fila de en dos en fondo salieron de la casona junto a los otros cursos de preparatorias, dirigiéndose al teatro situado a no más de dos cuadra de la anexo.

"¡Mojones!" les gritan con sarcasmo y desprecio los estudiantes de los cursos de humanidades de Recoleta 523, mientras caminan desordenada y escandalosamente en la misma dirección, pero por la vereda del frente.

Los niños resignados y ya acostumbrados a este insulto, avanzan también en dirección al río Mapocho en busca del sitio donde se llevará a cabo la fiesta del año. Les llama la atención ver a los grandes fumando y piropeando a las estudiantes de los otros liceos que les ignoran riéndose, y hablando a gritos.

Encabezando la fila, va el profesor erguido como un comandante con sus huestes de mocosos tiritando de frío; y un poco más atrás va Hernández, siempre sonriente y caminando codo a codo con Morales. Ambos comen una provisión interminable de nueces y avellanas que sacan de sus abultados bolsillos.

En la esquina de Patronato cruzan la avenida bajo la mirada torva de un carabinero quien ignorando de los reclamos y bocinazos de los conductores; ha detenido el tráfico de micros, carretelas, triciclos, motonetas y buses, dando paso a las escuadras de enanos ensotanados con las piernas al aire, y bolsones gigantescos, semejantes a recargadas mochilas de guerra.

El aire que al amanecer era transparente y nítido, se ha tornado ya irrespirable por el vaho insalubre del tráfico de miles de vehículos. Todo apesta a bencina y los ojos de los niños lagrimean cuando avanzan a través de la neblina, cada vez más azulada del humo santiaguino.

Finalmente aparece ante ellos un edificio en cuyo frontis está la figura gigantesca de una bailarina afrocubana, y la vistosa cartelera de próximos programas donde destaca la palabra striptease. A los novicios el teatro les parece un castillo encantado, a pesar del olor a humedad reinante en su descolorido vestíbulo cuyas paredes tienen fotos enormes de bailarinas en blanco y negro, y una foto del Rey del Tango abrazado con el cómico Videla Carvallo.

"¡Los mojones a la galucha!" gritan los más grandes, y los patrulleros escolares con brazaletes blancos en sus brazos, les empujan sin misericordia hacia arriba a través de una escalera estrecha y oscura que les lleva a un sector casi en penumbras, reino de zancadillas inesperadas, y traicioneros coscorrones.

De acuerdo a las instrucciones entregadas por Chávez, los Halcones se agrupan para protegerse en ese ambiente nuevo y amenazante. Finalmente y casi a ciegas, logran sentarse y apreciar la distancia y altura que hay entre ellos y el lejano escenario.

"¡Así que esto es un teatro!" reflexionan, pensando en relatar a sus madres con lujo de detalles, esa nueva aventura. Rogelio siente vértigos, pero está impresionado por esa sala que supera en tamaño al modesto cine de su barrio donde con su padre van los sábados para ver las películas de Jorge Negrete, Resortes, y del Enmascarado de Plata.

"Ese lugar era distinto, tenía cortinas rojas, y había muchas lentejuelas y cosas que brillan adornando la sala," diría Chávez a sus padres.

Ninguno de los halcones conocía un teatro con un escenario tan grande, luces y cortinas aterciopeladas, y solamente estar allí, era una nueva aventura acerca de la cual Rogelio escribirá una composición.

En la primera hilera de sillas, ven la calva brillante del inspector general, el pelo canoso de "monsieur" Droguett, y de otros Luchos, mientras de vez en cuando y a través de las cortinas, se asoma la cara burlona de algunos de los artistas.

"¡Jiménez!," grita uno de los gigantones de sexto año al descubrir cerca de la primera fila al inspector suelto de mano que les tira las orejas y les martiriza. Al grito destemplado de Carvallo, sigue una pifia general de toda la galería.

"¡Cállense mierdas!," grita impaciente un patrulla escolar, empujando en la oscuridad a los enanos que se impacientan por la espera en la oscuridad.

Desde el escenario y detrás de las cortinas hechas con tela de imitación al terciopelo, les llega el sonido extraño y novedoso de una guitarra, ¿o es un piano?, y finalmente entre pifiadas, cascarazos, burlas y gritos, aparece un estudiante de sexto humanidades luciendo una chaqueta con lentejuelas, zapatos de gamuza, corbata de lazo, anunciando el comienzo del espectáculo.

El programa estelar

"Yahora señoras, señoritas, señores, jóvenes, no tan jóvenes y niños, y para iniciar este monumental espectáculo; recibamos con un gran aplauso y coreando el himno del Valentín Letelier a nuestro querido rector Don Luis Galecio Corvera, y a otras ilustres autoridades de nuestro liceo."

Por el pasillo central avanza ya con dificultad, la figura venerable del legendario educador de cabello blanco, rodeado de inspectores y profesores, recibidos por la audiencia con una ovación, aplausos, griterío y chivateo general.

Desde abajo se escucha el grito de guerra del liceo, "Vale,Vale, Vale, Valentín, Lete, Lete, Lete, Letelier, Liceo Valentín Letelier," y "los enanos" también gritan, sintiéndose parte de algo más grande en sus modestas existencias de nueve años, y absorbiendo cada minuto de este ritual para ellos desconocido.

Terminada la última estrofa del himno y cuando la comitiva del rector ha llegado a la primera fila rodeado de la señora Hilda González que enseña castellano, y las profesoras Alcayaga y Yuberos de matemáticas; el rector levanta su mano derecha, y agradece los aplausos entusiastas de los estudiantes.

"¡Controlo!" grita alguien al identificar al profesor de matemáticas, inusualmente sonriente, al que conocerán dos años más tarde cuando se trasladen a la anexo de primero humanidades ubicada en Recoleta 730.

El animador, ahora con voz engolada anuncia:

"Damas y caballeros, jóvenes y niños, señoras y señoritas, en un esfuerzo muy especial, el Centro de Alumnos del Liceo número uno

Valentín Letelier, el mejor de Chile, se complace en presentar, y recién llegado desde los Estados Unidos, al único, al genial, al insuperable ¡Ricardito!"

Se abre la cortina y acompañado por un guitarrista y otro estudiante que hace como que toca el piano; Briones del quinto humanidades con la cara embadurnada con betún negro; se retuerce en el escenario imitando el tema "Lucía."

Ante la gran acogida del público, interpreta con las gotas de betún rodándole por la camisa blanca, el tema "Tuti Fruti," y cuando se arroja al suelo en dramáticas contorsiones simulando que toca la guitarra, el teatro se quiere caer con los gritos, risas y aplausos de la juvenil audiencia.

Los Halcones con los ojos muy abiertos, absorben cada movimiento del artista, y se admiran del escenario monumental iluminado con poderosos focos proyectando luces de colores sobre el cantante; y haciendo brillar con multicolores destellos las solapas con lentejuelas del animador.

Después de la actuación de Ricardito que electrificó a la platea y la galería, y otra vez en un "esfuerzo muy especial" del Centro de Alumnos, llegan al escenario nada mas ni nada menos que "Los Caporales," y muchos reconocen al hermano mayor de Tobar, uno de los elegantes de quinto humanidades que por las tardes se pasea con Céspedes, tratando de enamorar a las tiesas chiquillas del colegio privado Sagrado Corazón.

"Esas son unas cabras pitucas," diría más tarde Ramírez, refiriéndose a las rígidas jovencitas cuyas elegantes boinas negras parecieran pegadas con engrudo a sus cabelleras generalmente rubias.

Con elegancia y experiencia escénica, los imitadores de los Caporales relatan cantando, la historia de un artista de cine de películas de acción, asesinado en el tren nocturno que viajaba hacia el sur. De acuerdo a la popular canción, y aunque el infeliz se había defendido a patadas; igual "se lo dieron vuelta," como años después y de acuerdo a una cueca de Roberto Parra; le sucedería en el canal Bío Bío al mismísimo "chute" Alberto.

La audiencia corea el tradicional "uuuuuh, uuuuh, uuuu" del tren, imitado por el hombre pájaro, y los Caporales dialogan la talla en el tren.

- Malta Bilz y Pilsen, Marta, Bilz y Pilsen
- Señor ¿me vende una Malta?
- Se me acabaron señora.
- ¡Ay! ¿y entonces para que la anuncia?
- Para completar el grito vieja sapa.

Otra vez los artistas expertos en el arte de la mímica reciben los interminables aplausos de los estudiantes, y las acostumbradas rechiflas de aprobación de los enanos. Sacándose los sombreros dirigen una elegante venia al rector, y como llegaron, se van raudos del escenario.

Se cierran las cortinas, y después de unos minutos interrumpidos por pifias y carcajadas, regresa el maestro de ceremonias con una nueva indumentaria en la que destaca una chaqueta inmaculadamente blanca.

"¡Garzón!," le grita alguien desde la galería, pero él impertérrito, continúa anunciando el programa.

"Y ahora, señor rector y distinguidos profesores, presentaremos al niño prodigio que domina el piano de pe a pa, ¡Nelson César Urbina," grita el elegante con la mirada encendida; mientras que un muchachito de gruesos anteojos ópticos con pantalones cortos como los de los enanos; se ha sentado al piano, y es aplaudido especialmente por la audiencia de la galería, identificada con un colega tan chico como ellos.

El niñito, impávido y distante, interpreta una melodía de Mozart que suena en los oídos de los estudiantes, como el anuncio oficial de las cadenas nacionales en tiempos de terremotos. Todos escuchan en silencio, y los de humanidades no le gritan los denigrantes apodos de "cuatro ojos," "viruta," o "mojón." Para los enanos de la galucha el juvenil pianista es uno de los suyos.

"Chopán o Chopón" o algo así, había dicho después Fuentes, al momento de la presentación del segundo número del niño prodigio.

El show continúa, y le corresponde el turno a Rojitas, un estudiante ciego que canta y toca guitarra, especializado en temas románticos y baladas. Nadie grita ni interrumpe la actuación del jovencito que todos los días llega al liceo grande con su maquinita Braille para tomar apuntes en las clases.

El humor también tiene su lugar en el magno show, y al abrirse nuevamente las cortinas, el escenario se ha transformado en una sala de clases donde unos diez estudiantes de sexto humanidades luciendo pantalones cortos y las piernas peludas, esperan la llegada de la profesora jugando a los dados. Al sonar el timbre, ingresa al escenario un muchacho vestido de mujer que se presenta a la clase como la señorita Cuki.

"Osorio," grita alguien desde la platea reconociendo al actor, y desde ese día el sobrenombre "Cuki," le seguirá como una maldición.

En la galería y a medida que pasa el tiempo y las presentaciones, los "Halcones," y todos los enanos se van rascando más y más debido a la invasión de pulgas que les atacan sin misericordia. Finalmente entre más aplausos y ovaciones al rector, finaliza el show, y los enanos salen, siempre empujados sin misericordia por los crueles patrullas escolares. En el vestíbulo se quedan por algunos momentos encandilados bajo el sol brillante del veranito de San Juan.

Chávez compró y compartió con ellos el pan amasado de una tienda cercana al teatro; y así, comiendo y caminando, se fueron hacia el paradero de la avenida Santa María; comentando los pormenores del espectáculo, vigilantes a que "los grandes," agrupados y fumando en las esquinas, no les dieran una patada, coscorrones, o jugaran con ellos el brutal "cacha mal pega doble."

Después de despedirse se separan, y Jorge le ha dicho a Rogelio que en el futuro será cantante y guitarrista, y todavía impresionados por el show dedicado a los Luchos, se van arrastrando los pesados bolsones hacia Mapocho.

Embutidos en los abrigos/sotanas caminan hacia al paradero de los buses 21 Portugal El Salto, en un recorrido que harán por muchos años a través de las veredas eternamente desniveladas de la avenida, pero animadas por los barquitos donde venden maní, y sus humeantes chimeneas que impregnan la cuadra con aroma a bracero invernal.

También recordarán a las vendedoras de dulces, membrillos y naranjas; y aunque pasen los años; recordarán para siempre ese coro interminable de miles de voces de niños y niñas conservados entre viejas paredes que ya no están, en aquel barrio donde viven los turcos y los árabes de la calle Patronato.

Otro día de junio de 1957

Arrecia el frío invierno en Santiago de Chile, y al breve veranito de San Juan siguió un periodo de temporales e inundaciones en esa ciudad construida a las orillas de un río impredecible, que durante el verano es un apacible riachuelo; pero en invierno se puede transformar en un torrente impetuoso capaz de arrasar las humildes casas del Zanjón de la Aguada, y las de los llamados "barrios bajos" del sector oriente de la capital.

En esos días grises de lluvia constante y frío húmedo, los enanos van ahora a la escuela cubiertos con impermeables que les llegan también a los tobillos. Otros, simplemente enfrentan la lluvia con sus abrigos de siempre, esquivando de la mejor manera posible los charcos en las esquinas y los torrentes de agua que bajan hacia el Norte por las anegadas cunetas de la avenida.

Algunos esgrimen paraguas, y otros, improvisadas capas de hule evitando las peligrosas mojaderas de zapatos, precipitantes de pulmonías o bronconeumonías fulminantes.

Ese mañana, van presurosos y en silencio hacia la casona, que en esas semanas lluviosas abría temprano sus puertas, permitiéndoles protección de la lluvia, y momentos extras de jolgorio.

Rogelio recordaba el primer día de temporal en Santiago y se apresuraba para llegar al salón que tenía su puerta ligeramente entornada. Al abrirla, le sorprendió una lluvia de bolsones y el canasto de papeles cayéndole en la cabeza, mientras sus condiscípulos reían a carcajadas a su costa gritando "sorpresa, sorpresa."

"¡Allá viene el huevón del Melgarejo, pongan de nuevo los bolsones chiquillos! decía Hernández, organizador y animador de las bromas invernales. Don Agustín se ha atrasado, y la jugarreta continúa a costa de los que caen en la trampa.

"¡Falta el Gárate y Meléndez, pónganle más peso niños!" ha gritado con entusiasmo Morales, uno de los que usa un impermeable muy grande y ancho, seguramente de su papá. La trifulca y risotadas se escuchan en los otros salones y repentinamente ven con horror como el señor Rojas maestro de cuarto grado del salón de enfrente, viene hacia la sala de clases con gesto adusto y preparado para regañarlos por el bullicio.

Todos se han sentado precipitadamente y nadie atina a advertirle acerca de la pesada carga adicional balanceándose en el borde superior de la puerta. Un silencio sepulcral invade la sala cuando la lluvia de bolsones, la caja con tizas, el borrador, el puntero y una tabla; caen sobre la calva del profesor, arrancándole con violencia los anteojos, y golpeándole la cabeza y los hombros.

Nadie se atreve a pararse y ayudarle a recoger sus lentes ópticos de finos marcos dorados, y observan con temor como la victima va directamente a quejarse con Don Agustín, que en esos momentos viene desde la inspectoría general, embutido en un impermeable negro, y luciendo un sombrero de alas anchas.

El profesor Rojas hace gestos alterados y gesticula señalando hacia la sala del Quinto B, mientras el maestro escucha las quejas con atención y serenidad. En la sala los bolsones han desaparecido como por milagro y cuando entra Don Agustín, todos se han parado en silencio y a la expectativa.

"Hernández, usted es presidente del curso. Pase adelante a explicar lo sucedido," ha dicho el maestro mientras todos permanecen de pie.

El guatón sonrojado ha ido cabizbajo al frente de la clase, diciendo que esa broma estaba destinada a los estudiantes y no tuvieron tiempo de advertir al profesor Rojas lo de la puerta.

En esos momentos Rogelio admira al guatón que muy colorado, habla con vehemencia y reitera que "nunca" hubo una intención de faltarle el respeto. "Todo fue un lamentable error señor," agrega finalmente el presidente con humildad, pero mucha convicción.

"Ha sido un accidente, por favor discúlpenos" dice Hernández con su perfecta dicción, y los enanos se alegran de contar con este tipo de presidente de la clase.

Don Agustín escucha, y de vez en cuando se pasa la mano por el rostro en su peculiar estilo con el que pareciera reorganizarse la cara.

"Morales, coja la tiza y escriba lo que le voy a dictar en la pizarra, y nadie se me sienta." El negro ha escrito entonces con su letra impecable, "nunca más le faltaré el respeto a ningún profesor."

"Me copian esta frase cien veces con buena letra siguiendo el método Oteiza, y usando con cuidado las plumas, no me gustan los borrones, pueden sentarse," ha dicho, y todos en silencio sacan los útiles de caligrafía, los tinteros, y los cuadernos de copia, resignados al monótono castigo.

"Hernández y Morales; en representación del quinto B, vayan al salón del profesor Rojas y le piden perdón por lo que hicieron," ha sentenciado una vez más el profesor quien no muestra señales de enojo, mas dando las órdenes con voz firme y tajante.

Todos temen una anotación en el libro de vida con carta a los apoderados, mientras ven a los representantes del curso golpeando con humildad la puerta del frente, y luego hablando con el profesor Rojas que les escucha displicente, responde algo, y de inmediato les cierra la puerta en las narices.

No hubo anotación ni una comunicación a los padres, pero después de las 100 copias de la frase expiatoria utilizando el método Oteiza, Don Agustín ha copiado en la pizarra veinte multiplicaciones, y diez divisiones con decimales, y todos las anotan en resignado silencio.

Ha sonado el timbre del primer recreo, y Don Agustín le pide a Morales que por la tarde recoja las copias con el castigo y las ponga en la desteñida cajita de madera sobre su escritorio.

"Hoy día jóvenes no hay recreos, y me terminan las multiplicaciones antes de las doce," ha dicho finalmente. Los enanos se alegran porque al parecer el accidente no tendrá más consecuencias. Chávez mira a los integrantes de los Halcones y hace un gesto con la mano izquierda empuñada que significa "alerta."

"Hernández y Morales, ustedes me han decepcionado," añade Don Agustín, mientras los dos secretarios escriben la tarea de caligrafía con tristeza.

El Valentín Letelier, un liceo del centro

A veces, y cuando se hace tedioso el repaso de los verbos, o durante un descanso de las prácticas de caligrafía usando el método Oteiza, Rogelio Duarte recuerda el vertiginoso paso de los acontecimientos en los últimos meses, para él los primeros en el liceo.

El día en que su mamá habló de un examen de admisión para ingresar a una escuela más grande ubicada en el centro de la ciudad; pensó inmediatamente en su problema cuando viajaba en los microbuses.

No sabía la causa, pero ya al subir a esos aparatos desvencijados e impregnados con el olor a bencina; le apremiaban esas náuseas terribles que obligaron muchas veces a su familia a bajar prematuramente del vehículo.

Curiosamente y quizás como parte de su temprana manía, no le sucedía lo mismo en los nuevos buses japoneses Mitsubishi, o en los tranvías llamados trolley activados con cables que avanzaban silenciosamente gracias a unos largueros enormes conectados a los cables eléctricos, y al que los estudiantes llamaban suspensores.

"Es el olor a la porquería de bencina quemada," había diagnosticado su padre enfurecido cuando tenían que bajarse apresuradamente antes del humillante e incontrolable vómito.

Tampoco le daban las terribles náuseas en los tranvías de color verde marrón y techo plano que ya en menor cantidad y lentamente, todavía circulaban como antiquísimas piezas de museo, deslizándose quejumbrosos por los rieles de la Avenida Recoleta.

Un verano, después de semanas y semanas de repaso de las tablas de multiplicar del 2 al 12, practicar restas, y escribir interminables copias; se fueron de la mano con su mamá para dar el examen que desde hacía varios días le producía ese desagradable cosquilleo en el estómago, compañero inseparable de futuras aventuras académicas.

Era la tarde de un hermoso día soleado quizás en el mes de febrero, cuando entraron al antiguo edificio de Recoleta 523 en cuyo interior había un sombrío patio perfumado con el aroma de la flor de la pluma. Este era el nombre de la enredadera que revestía los viejos y agrietados murallones en uno de los cuales estaba colgada una antigua foto en blanco y negro de un grupo de señores y señoras, probablemente profesores del liceo. Algunos de ellos llevaban corbata de lazo, y sus atuendos reflejaban estilo y dignidad.

Con el paso de los años y ya en el liceo grande, reconocería a los profesores Márquez, Molina, Zumaeta, Rodríguez, y a las profesoras Ossandón, Yubero, y González.

Era un enorme patio rodeado de corredores con bancos de madera dispuestos al abrigo de la penumbra de esa enorme casona que habría pertenecido a Don Diego Portales.

Como si fuera hoy, recordaría muchos años después mirando la nieve interminable que caía en un país lejano; como su mamá le dio una pequeña imagen en miniatura de la Virgen María guardada en un primoroso estuchito de metal. La puso en el bolsillo del pañuelo de su chaqueta negra del traje de primera comunión y le dijo, "ella te ayudará."

Después de besarle en la frente, se acomodó con las señoras Valentina, Vargas y Alvarado, en uno de los corredores; mientras enfrentaba un examen interminable del que no recordaría muchos detalles.

Semanas después, su mamá le había dicho con una sonrisa que ingresaría al liceo, pero en calidad de condicional, palabra para él incomprensible. El nombre de su profesor sería Carlos Becerra, por primera vez viajaría solo en el bus, y le mostró una moneda de aluminio diciéndole que cuando subiera al bus, se la diera al chofer. Lo mismo debía hacer al regreso y por si acaso, le daba otra si es que se le perdían. Esa rutina le acompañaría por muchos años yendo y regresando hacia y desde el liceo; y las monedas de reserva le servirían para acumular minúsculos ahorros, comprar dulces y calcomanías.

Así, el primer lunes de marzo se despidió de ella con un beso, y esperó el bus en la esquina de Muñoz Gamero con El Salto, apretando la moneda en su mano sudorosa por la angustia. Una vez que pagó la tarifa del viaje, se acomodó en uno de los asientos del frente, y ante su vista fueron desfilando como en un carrusel, las viejas casonas de la avenida, la panaderías de los gallegos, las paredes vetustas del regimiento Buin, la iglesia de San Ramón, y finalmente, el bus dobló en la esquina del cementerio General, desembocando en la avenida Recoleta circundada por bares, depósitos de vino, restaurantes, floristerías, yerberías y el cerro Blanco.

Tal como se lo había indicado su papá, bajó en el paradero de la esquina de la escuela Normal de Niñas, y caminó hacia el liceo.

¡Qué distinto era ese colegio a su primera escuelita! Le impresionaron la enorme sala, los pupitres individuales con tinteros, aquellos pizarrones gigantescos, un globo terráqueo, muchos mapas, y la bandera tricolor en una esquina. Recordaba, ya sentado en el lugar que le indicó su profesor, los rústicos bancos y escritorios de madera sin cepillar en los que había cursado con relativo éxito, sus primeros cuatro años de preparatorias.

En las primeras semanas, echaba de menos el paisaje familiar de la falda de los cerros que flanqueaban la población donde había nacido, y las clásicas oraciones con las que se iniciaban las clases. Ya no estaba el olor permanente a campo de su primera experiencia escolar, ahora reemplazado por el hedor de la bencina de micros y buses. A la distancia habían quedado los familiares cacareos de los gallos y los ladridos de los perros de su barrio. Recoleta era un ambiente caótico caracterizado por miles de bocinazos y las frenadas de los miles de vehículos que se dirigían o regresaban desde centro.

Ahora era un estudiante más en esa avenida de acceso al viejo Santiago.

A diferencia de su primera escuela donde existía una estricta disciplina impuesta por el severo padre Bernardo; Rogelio notó las frecuentes discusiones o pelea en el salón de clases. En su primer día, presenció con curiosidad una guerra de tinta entre Vargas y Recabarren, que le costó a ambos ir castigados a la oficina del inspector donde obtuvieron una anotación en el temible libro de vida, allí donde se registraba la historia de las malas acciones.

En esa primera semana de clases, los dos estudiantes usando las modernas lapiceras con el depósito de goma para la tinta, se la arrojaban sin misericordia a las camisas y a la cara por razones para él desconocidas.

La visita a la temible inspectoría iba acompañada de una carta en la libreta negra de comunicaciones dirigida al apoderado.

"Lamentamos comunicarle que su hijo Esteban Vargas peleó con otros estudiante arrojándose tinta a la cara. Por esta razón está suspendido por tres días y deberá regresar acompañado por usted."

Por las mañanas veían a los padres de los peleadores sentados en la sala de espera, acompañados de sus hijos cabizbajos y contritos. Rogelio le había prometido a su mamá portarse muy bien, y ésta le había explicado lo difícil que era ingresar a un liceo del "centro" donde aprendería más.

Sin embargo, esos primeros días de adaptación a ese nuevo ambiente, y quizás por la ansiedad y tensión acumuladas en esa primera semana, le llevaron una mañana a pararse de su asiento y pelear con su único amigo de apellido Pino. Muchos años después trataría de recordar el origen de la riña, pero nunca quedaron claras para él las circunstancias de la pendencia que le costó al otro un labio roto, y a él una mejilla rasmillada.

Con horror, y en medio del intercambio de golpes, vieron llegar al profesor ante cuya presencia se separaron. Don Agustín les hizo ponerse de pie y explicar frente a la clase la razón del altercado. Recordaba a Pino acusándole de haber dicho que tenía piojos, y él respondiendo algo de lo que nunca más se acordaría.

Con gesto paternal, don Agustín escuchó en silencio las dos versiones y finalmente lo envió a sentar cerca de Olivares. Obediente y avergonzado, cogió su bolsón, y muy nervioso se sentó al lado del otro niño que le miró de reojo.

Fue un mal comienzo y lamentó haberle roto el labio a su contrincante, como lamentaría en el futuro otras peleas propias de su mal carácter, y de la tendencia instantánea a enfrentarse a golpes con cualquiera.

Para empeorar su tristeza, al día siguiente otro estudiante de apellido Baeza, le diría en forma destemplada "desde que tú llegaste han comenzado los problemas en esta sala," y debió aceptar en silencio la acusación de ser un niño malo; aunque sabía que no era el único en esa sala con cuarenta y tres estudiantes.

Rogelio tenía un carácter violento y en su barrio, las reyertas verbales o físicas, amenazas, y batallas a pedradas, pelear era cosa cotidiana y una temprana práctica de sobrevivencia. Sin embargo esa temprana refriega con su ex amigo la consideró para siempre como algo injusto, y producto de aquellas tempranas circunstancias.

Un día, Chávez, el jefe secreto de los "Halcones," le habló en el recreo y compartieron un emparedado de huevo. Desde entonces fue parte del grupito y cultivó la amistad de los otros niños de la pandilla. Allí se reconocía a los buenos peleadores, y esta temprana afiliación, le ayudó a sentirse mejor y más seguro en un ambiente aún desconocido. Con Pino nunca más se hablaron, y no sería la primera ni la última vez en lamentar esos altercados que a veces en la vida no tienen una razón de ser.

Otra mañana de julio de 1957

● Se desmadró el río Mapocho!

La noticia circula rápidamente por la avenida Recoleta. La lluvia había comenzado a caer un lunes, seguida por una tormenta de granizo; y después de cuatro días no había amainado, salvo breves periodos de calma. El agua corría por las calles como bestia desbocada arrastrando basura, e inundando sin piedad las nuevas poblaciones del norte de Santiago.

Rogelio ha notado la preocupación en el rostro de sus padres y vecinos, observando como día a día lo que fue en el verano una calle polvorienta, se va convirtiendo en una inmensa laguna, amenazando las humildes viviendas del frente, y a los conventillos y cités de la otra cuadra.

Los hombres usando palas y barrenas tratan de construir improvisados diques para impedir que el agua turbia de las dos acequias continúe devastando los hogares, y arruinando sus humildes pertenencias.

Pero la lucha es infructuosa, porque continúa cayendo esa intermitente lluvia fría y copiosa desde los cielos cubiertos por nubes negras que vienen incontenibles desde el norte.

Por las noches, Rogelio y su hermana no duermen escuchando las violentas ráfagas incesantes del viento que azota los techos, y les invade el temor de que a las planchas metálicas que protegen su hogar se las lleve el viento. Cuando escucha venir con un rugido otra ola de granizo y lluvia; Rogelio aprieta sus puños y cierra los ojos esperando lo peor.

Escucha con aprehensión como las fonolas y calaminas de las casas vecinas vuelan por los aires chocando contra las paredes; anticipando la arremetida de una ráfaga de viento huracanado. Su papá ha colocado encima del techo pesadas vigas amarradas con alambres y cordones para proteger las láminas de zinc que protegen el hogar, pero aún así, el ruido del temporal les amedrenta y nos le permite dormir.

El ladrido y los tristes aullidos de los perros les acompañan toda la noche, y las voces y gritos de los anegados se repiten incesantemente, al igual que el llanto de los niños y las maldiciones de los hombres viendo impotentes, como la fuerza de la corriente de agua destruye las improvisadas barricadas con las que intentaban detener las incontenibles aguas bajando desde el canal El Carmen.

Finalmente se queda dormido, y cuando su madre le avisa que debe ir al liceo, despierta agotado después de esas agobiantes jornadas de insomnio e incertidumbre. Le es difícil caminar por las veredas donde piedras y tablas en algo ayudan a los vecinos que avanzan con dificultad hacia la avenida principal. Allí, un verdadero río se desliza con fuerza hacia el norte en dirección al castillo de Los Riesco, y cruzar ese torrente helado es mojarse los zapatos. Algunos han traído piedras creando improvisados puentes, pero es difícil evitar el chapuzón.

En algunas esquinas, muchachos con triciclos o simplemente en brazos, atraviesan a las mujeres hacia el otro lado de la calle.

Siempre recordaría que su primera casa era una construcción sencilla de cuatro piezas, hecha de adobes y paredes de madera. En mayo, y antes de la llegada de esos rigurosos inviernos, debían revestir el interior de la vivienda con papeles de diario o de bolsos de cemento adheridos con engrudo para evitar la entrada del frío de las glaciales heladas en esos tenebrosos meses que parecían eternos.

Los techos eran de planchas de metal, o láminas de cartón grueso llamadas fonolas, impregnadas con brea que de alguna manera protegían de la lluvia, pero no les salvaguardaban los de las violentas ráfagas de viento de los meses de junio, julio y agosto.

Esa mañana, Rogelio ha subido con dificultad a un bus que está impregnado por el olor de humedad de las ropas de los pasajeros, y el espeso humo de los cigarrillos. Hombres y mujeres viajan en silencio mirando los destrozos que ha dejado el viento en los postes del alumbrado, y en los letreros de los negocios de la avenida.

No hay muchos estudiantes en las clases, y circulan rumores anunciando que el gobierno declarará nuevamente el estado de emergencia, y que las escuelas cerrarían por tiempo indefinido. Chávez les ha reunido debajo del alero del antiguo corredor donde comparten los emparedados, y comentan los destrozos en otras partes de la ciudad.

Allí Rogelio escucha por primera vez los nombres de los barrios La Florida, Estación Central, Quinta Normal, Renca, y La Pintana; y por primera vez adquiere una idea de lo grande que es esa ciudad de tres millones de habitantes a la que todavía desconoce. Godoy ha escuchado en el noticiero de la radio Nacional, la muerte de tres niños ahogados en el Zanjón de la Aguada; y como los milicos y los bomberos están ayudando a trasladar a la gente a improvisados refugios en las escuelas.

Mirando la caída incesante de la lluvia sobre las baldosas del zaguán del primer patio de la casona; Rogelio y sus compañeros escuchan a Martínez contando como las aguas turbulentas del río Mapocho ya casi desbordan el puente de Recoleta, y todos se aprestan a caminar después de las clases hasta el centro de la ciudad y ver este prodigio.

A las ocho y media de la mañana y durante un respiro de la lluvia, escuchan los timbres, y todos se apresuran a formar la fila a la entrada de los salones de clases, pero los inspectores les exigen entrar de inmediato a sus salas y esperar allí a los profesores. Hernández está devorando un emparedado de huevos, mientras Morales como todos los días, limpia el pizarrón con minuciosidad y presteza.

Después del accidente del profesor Rojas, no se ha repetido la broma de la puerta, pero los estudiantes hacen chistes, cuentan historias, terminan las tareas, y así alivian la tensión que se nota en todos los rostros debido a los temporales, y a los peligros de inundaciones.

Un trozo de tiza ha golpeado la cabeza de Pérez, y éste se ha enredado en una acalorada discusión con Mena, interrumpida por la llegada de Don Agustín que les mira con gesto paternal, embutido en un impermeable azul, aún empapado por el agua.

"Morales, recoja las copias y las tareas, y usted Hernández, ponga la alfombrita a la entrada de la puerta y échele aserrín al pasillo," ha dicho el maestro que trae una regla gigante, un compás, y una escuadra, anunciando una clase de geometría.

Cuando todos trazan con dificultad cuadrados, círculos y trapecios, Rogelio ve como el inspector Jiménez viene hacia el salón, y golpea discretamente la puerta. Se ha acercado a Don Agustín diciéndole algunas palabras al oído, para luego salir rápidamente hacia los salones de los sextos.

El profesor les ha dado como tareas hacer cubos, rectángulos y conos que deben traer pintados el lunes, mientras Morales copia con su letra elegante un conjunto de sumas y restas de cuatro dígitos.

Finalmente Don Agustín se ha puesto de pie, se coloca el impermeable y un sombrero de alas anchas, y les ha dicho que ese día saldrán antes del segundo recreo.

"Se van directamente a sus casas porque el supremo gobierno ha declarado el estado de emergencia debido a las lluvias," les informa, dando la señal de partida.

"Los Halcones" se han mirado con Chávez, y cargando los pesados bolsones, salen del liceo y caminan hacia el puente Recoleta. Cientos de escolares con paraguas, impermeables, trozos de hule, o improvisados ponchos, van también hacia el sur en dirección al río, y sus voces las apaga la lluvia que encharca la avenida por donde circulan micros y buses, dejando una estela de agua sucia mezclada con desperdicios.

Rogelio observa a varios carabineros vigilando cerca de las balaustradas de cemento que coronan las paredes de piedra de ese río, al que alguna vez ha visto desde el microbús cuando con su padre han ido al centro de Santiago. Al fondo, y hacia el oriente, la mole blanca de la cordillera está media oculta por nubes y neblinas, señal inequívoca de una nevada.

El Teatro Princesa tiene en su frontis un cartel anunciando la cancelación del programa estelar de invierno titulado "El Show de los Esqueletos," y los vendedores ambulantes ofrecen sus mercaderías cubiertos por trozos de hule con las que improvisan tiendas de campaña.

Finalmente logran acercarse a la pasarela del Mapocho, y los niños se impresionan ante una masa enorme de agua color greda que ya casi alcanza los bordes del puente. Les sorprende la velocidad de la corriente que arrastra árboles, arbustos, y trozos de techos, haciendo recordar a Rogelio el caudaloso río Maule que visitó el verano pasado.

El espectáculo inspira un temor distinto, mientras los carabineros con gesto adusto, les gritan que se alejen de la orilla.

¡Un caballo, un caballo!

Ante el grito coreado, los transeúntes se acercan nuevamente a las barandas y ven con horror el cuerpo del animal inflado como un globo, dando tumbos, arrastrado por la poderosa corriente.

La imagen de la bestia flotando en las arrolladoras aguas, regresará muchas veces a su memoria, e imagina los intentos desesperados del desdichado bruto por escapar de su destino, arrastrado por el torrente turbio y frio que viene desde la cordillera.

Con temor se despide de Los Halcones, y se van caminando con Jorge hacia el paradero del bus.

Suben a uno de los viejos carros/tranvías y encuentran fácilmente asiento en la parte de atrás del quejumbroso vehiculo. Su amigo le da un codazo, y ve a Don Agustín sentado y mirando el agua que corre libremente por la avenida. De vez en cuando le ven mover de un lado a otro la cabeza con un gesto de profunda tristeza.

Esa noche Rogelio sufrirá pesadillas, y en ella alucina un caballo con el vientre hinchado, apareciendo desde el canal que cruza frente a su casa, cuyas aguas han inundado todas las viviendas del barrio El Salto. También sueña que despierta con el agua rodeando su cama, y mojando las escasas pertenencias de la familia. Ya no está el techo protector que en su pesadilla, había arrancado el viento.

Despierta con la respiración agitada, escuchando el sonido de la lluvia que cae incesantemente, mientras su mamá está en la cocina preparando el desayuno y escuchando un programa radial de noticias. El gobierno ha suspendido las clases en toda la provincia de Santiago anticipando así las vacaciones de invierno.

"Hoy no vas a la escuela y te puedes quedar en la cama," le dijo ofreciéndole un tazón de leche caliente y la mitad de una marraqueta con mantequilla.

A la hora del almuerzo, su papá trajo el periódico Las Ultimas Noticias con la foto del caballo ahogado en el rio. El artículo decía que el dueño del animal que arrastraba una carretela con mercaderías, trató de cruzar un puente casi sobrepasado por las aguas del Mapocho en el sector del Arrayán. El caballo rehusaba pasar, pero entonces el dueño se bajó y le arrastró por las riendas. Cuando parte de la frágil estructura se desmoronó, el equino y el carretón cayeron a las aguas. El conductor logró salvarse agarrándose de una de las vigas; pero al animal lo arrastró el peso del vehículo. El puente fue clausurado por la policía.

La Pandemia

Ahora es la tercera semana del mes de julio, y la asistencia a clases ha disminuido notablemente. Se habla de que hay una epidemia, y la palabra "influenza," golpea las conciencias y deprime el ánimo de los pocos estudiantes que aún asisten al liceo. Persiste un creciente ambiente de tensión a pesar de los hermosos, soleados e inusuales días de julio.

"Los Halcones" continúan reuniéndose, pero Martínez mostrando preocupación, ha dicho que su mamá está muy enferma. Todas las venganzas en contra de los "grandes" están suspendidas, y el grupo se reúne solamente para discutir las últimas aventuras de Supermán y de Tarzán el hombre mono, populares caracteres en las revistas de la época.

Es sábado, y Rogelio ha decidido regalarle a su mamá un pollito de esos que traen en grandes jaulas a la feria del barrio. Está contento, se siente más cómodo en la escuela, no ha sufrido nauseas en los buses, y su maestro le ha felicitado por una composición acerca de El Calducho.

"Continúe escribiendo Rogelio y trate de mejorar la letra," le ha dicho paternalmente Don Agustín, siempre serio pero afable. Después de clases, se fue con Soto a la feria del barrio; y caminan por la congestionada vereda donde hay puestos de frutas, verduras, mermeladas, y mercaderías varias. Es un ambiente alegre y animado por los gritos de decenas de vendedores y amables vendedoras. Su amigo ha comprado dos naranjas, y ahora ambos se dirigen a comprar el pollito.

Después de visitar varios puestos, llegan al de una señora gorda y sonriente que les saluda con cortesía.

"¿Qué quieren los caballeritos?" les pregunta con una voz musical, medio en serio y medio en broma.

"Mi amigo quiere comprar un pollo Rhode Island para regalárselo a su mamá," responde Soto.

"Así que un pollito, ¿ah?" les dice divertida la mujer y con su mano extendida, les señala una variedad de jaulas donde se empujan y pían cientos de multicolores pelotitas de plumas.

Rogelio ha elegido un pollito que le ha recomendado su amigo, ya que según él, es un experto en gallinas, conejos, y temas afines.

"Este se ve bonito Rogelio, ¿cuánto cuesta señora?" ha preguntado.

"Bueno por ser a ustedes los caballeritos, se lo dejo a cinco pesos, una ganga," dice la buena mujer que con disimuladas señas, llama a su esposo que miraba divertido a los jóvenes clientes.

Rogelio algo avergonzado por ser ésta su primera transacción comercial, ha sacado dos monedas de aluminio del bolsillo de su abrigo/sotana, y se las ha dado a la señora. Esta coge un cucurucho hecho de papel de diario, y ha tomado de la jaula a uno de los pollitos "rodaila."

"¡Qué les aproveche la cazuela caballeritos!" les ha dicho el esposo de la vendedora, lanzando una carcajada que corean otros vendedores, pendientes a la adquisición del pollo por parte los juveniles compradores.

El pollito se ha instalado en el cucurucho y Rogelio la lleva pegada a su pecho para protegerlo de ese día frío, pero con un sol excepcionalmente brillante que molesta a la vista. Finalmente se ha despedido de Soto en la esquina de la avenida, y le ha prometido que intercederá por él ante Chávez para que le dejen participar en Los Halcones.

Por alguna razón para él desconocida, el líder no se lleva bien con su amigo, y ya por segunda vez le ha dicho que por el momento no hay cupo para nuevos integrantes en el grupo. "Además Soto es miedoso y muy malo pa' los combos," había agregado perentoriamente.

Ya en la casa, le ha entregado solemnemente el diminuto pollito a su mamá, y esta risueña y cariñosa, le ha besado en la mejilla.

"Ponlo en una caja de zapatos y por ahora puedes dormir con él en tu pieza." El avecita pía y pía, buscando calor en el pecho de Rogelio

"Tienes que cuidarlo de los gatos Rogelito, abrígalo, y ponle agua," agrega su madre, mientras le lleva un té caliente con tilo con limón a su papá que ha llegado enfermo del trabajo.

Su hermana también está en cama, y Rogelio percibe un ambiente de preocupación en el hogar.

Estaba mirando los movimientos del pollito en la caja colocada cerca del bracero de su cuarto, cuando repentinamente siente escalofríos. Su madre le ha tocado la frente y le ha enviado de inmediato a la cama, sacudido por una gran temblequera. Entre sueños y neblina, recordaría beber una leche caliente con miel y dos Mejorales, y ha reconocido el rostro de la vecina Rosa mirándole con preocupación. También escucha la inconfundible voz del compadre Pedro tomándole el pulso. Al parecer su hermana no está mejor, y viniendo desde muy lejos, ha escuchado las palabras "penicilina," "bronconeumonía," y "practicante."

Esa noche ha sudado y empapado las sábanas; y su mamá ha cambiado las ropas húmedas, y ha puesto otras sobre el secador de mimbre colocado encima de un bracero.

Cuando recobra parcialmente la conciencia no sabe si han pasado dos o tres días, o si es de día o de noche, y siente el cuerpo adolorido. Ve a su papá muy abrigado y parece que es ahora su mamá la que está en cama estornudando y con fiebre.

Era la epidemia de la influenza asiática de 1957, y desde la ventana su papá va contando las carrozas que pasan por la calle con las víctimas de la pandemia. "Puchas que ha muerto gente" le oye decir como si fuera un sueño.

Ahora Rogelio en su delirio, sueña o alucina un gran escenario y el público aplaude sus interpretaciones con una guitarra eléctrica enchapada en oro y diamantes que envían reflejos a la enorme sala de un teatro gigantesco.

¡Rogelio! le gritan desde la galería los mojones, y el rector le sonríe, ¿o es su mamá que aplaude también orgullosa? Rogelio, Rogelio . . .

Repentinamente va corriendo cuesta arriba acezando como una locomotora de esas que van al sur en los meses de verano con vagones cargados de viajeros santiaguinos, pero ahora, detrás, persiguiéndole y tirándole piedras, viene el cabezón Pérez, el roto Rojas y el pailón

Meléndez del sexto B, que de lejos también le gritan ¡Rogelio mojón! ¡Te vamos a matar!

Siente que se le acaba el aire, y aún falta mucho para llegar a la cima donde está el canal el Carmen, y allí sus compañeros los Halcones esperando a los agresores con piedras, palos, y restos de unas sillas rotas del liceo. Sus victimarios ya se acercan peligrosamente y puede ver sus caras avinagradas por el odio engendrado en varias peleas del pasado, mientras los peñascazos silban amenazantes cerca de sus orejas.

El camino se hace más empinado, y de repente se marea cuando ve a los lejos su barrio envuelto en una neblina triste de atardecer de invierno, y de repente, con su corazón palpitando enloquecido; despierta como si realmente sus enemigos le hubieses alcanzado y pateado como le sucedió una vez a Godoy al que sorprendieron solo en la calle El Manzano.

Tiene una sed como nunca ha sentido y pide agua.

Siente una frescura repentina en su frente, y ve a su madre poniéndole rebanadas de papas que le alivian el ardor inmenso en la cabeza. Quiere más agua y siente entre los labios un tazón con un líquido frío con sabor a cáscara de granada y pan quemado. Se duerme nuevamente, pero escuchando la música de Ricardito, y los aplausos que se van perdiendo y alejando como el último rayito de sol reflejado en la pared de tablas revestidas con papel de periódicos de su casa.

Ha despertado, y ve a su padre cerca de la radio escuchando los noticieros de la Nacional que hablan de cuarentena y de una gran cantidad de fallecidos en Santiago y provincias. Acompaña a la monótona voz del locutor de la cadena nacional de radioemisoras una música fúnebre.

Chimbarongo, San Javier, Collipulli, Punitaqui, Ninhue, Andacollo, Chiguayante, Osorno, Pitrufquen, Dichato . . .

Por días y quizás semanas, leerán nombres y nombres de muertos a través de la cadena radial de emisoras que se inicia con la música del himno militar "Adiós al Séptimo de Línea."

En el comedor, su papá está fumando la segunda tirada de cigarrillos marca Particulares con el oído pegado a la radio. No hay programas deportivos ni musicales, sino que solamente noticias, y miles de apellidos.

"Del pueblo de Rinconada de Huelquen, se comunica que han fallecido Juan Segundo Villarroel Mardones, Julia de las Mercedes Rojas Moncada de Iriarte, José María Leoncio Martínez Flores, Lucia Canales Sandoval de Hormazábal, Carlota Jarpa Moya, Marta Lidia Mella de Ortiz, Nicanor González de la Fuente Rosas, Luis Maricao Paillín, Luis Juan Sepúlveda Curivil, Carlota María de las Cruces Velásquez, y siguen y siguen por semanas, ¿o quizás meses?

"No han dicho nada de los Sauces ni de Angol," musita su padre con un goor chilote puesto hasta los ojos. "Pura mortandad" agrega, y apaga la radio.

La epidemia se intensifica y son miles los muertos en Santiago, pero el gobierno no ha dado cifras oficiales. Después se sabrá que fueron decenas de miles en Chile, y millones en todo el mundo, siendo las principales victimas los ancianos y los niños, sin distingo de razas o clases sociales.

Por la calle pasan los vendedores ambulantes ofreciendo limones para preparar rústicos brebajes con flores expectorantes que alivian en algo los síntomas de la influenza y la fiebre.

La casa de Rogelio parece un lugar desconocido debido al silencio; y solamente la música clásica de la cadena nacional mantiene un contacto con el mundo exterior. Hace frío y el brasero quema carbón de espino de día y de noche proveyendo un ligero alivio a las bajas temperaturas cordilleranas del mes. El frío arrecia acompañado de una elevada humedad.

Rogelio es por unos días el único recuperado, y se levanta como puede preparando las limonadas, comprando pan y leche en el almacén de Don Toño, y escuchando la lista infinita con los nombres de los fallecidos. Los vecinos caminan cabizbajos y a veces tosiendo, en dirección a sus trabajos. Todas las escuelas y liceos continúan cerrados.

Se dice que los sepultureros no dan a basto en los cementerios de Santiago para enterrar a tanto muerto, y que ahora se utiliza a grupos de presidiarios y reclutas para cavar y cavar nuevas fosas. "Ya no quedan ataúdes para enterrar a tanta gente," dijo Don Custodio que estuvo enfermo por varios días, pero que se ha recuperado y ahora va al centro por la mañana, aunque se ve más pálido y desencajado que de costumbre.

Entre muchos rumores, se habla de varios hospitales de Santiago que han cerrando sus puertas porque no hay médicos ni enfermeras, y circulan la temibles palabras "cuarentena," "recaídas," "tercianas," y "complicaciones," que a Rogelio le quedan grabadas en su memoria como sinónimo de lo fatídico y desconocido.

Otro día también soleado, se levanta y prepara limonadas calientes para toda la familia. Al lado del bracero del comedor mantiene vivas las brasas del carbón con unas viejas tenazas, sintiéndose aún mareado por los efectos de la enfermedad. Es una sensación extraña de soledad, no va al liceo desde hace dos semanas, y se entera por la radio de que todas las escuelas continuarán cerradas hasta nuevo aviso.

Para entretenerse memoriza una y otra vez las lecciones de la doctrina cristiana preparándose para su primera comunión.

¿Quién es Dios? Es el ser supremo infinitamente perfecto creador del cielo y de la tierra. ¿Cuántas personas hay en Dios? En Dios hay tres personas, Padre, Hijo y Espíritu Santo tres personas distintas y un solo Dios no más, ¿Dónde está Dios? En el cielo en la tierra y en todo lugar," repite y repite intercalando los dogmas de doctrinas medievales, con las oraciones que según su mamá hacen que la gente mejore y espanten a los malos espíritus.

Su hermana no está mejor, pero el practicante ha dicho que sobrevivirá. "Estuvo cerca de la bronconeumonía fulminante," ha dicho, mientras la pincha una vez más con otra inyección de penicilina.

Por la calle pasan mujeres cabizbajas con bolsas llenas de limones y naranjas con las que prepararán las constantes infusiones. Rogelio no sabe si han sido días o semanas que parecen interminables. Sin embargo, cuando su mamá se levanta, todo parece volver de inmediato a la normalidad.

Preparó sopaipillas pasadas y por la noche comieron fideos corbatitas con huevo, su plato preferido. Días después su papá volvería al trabajo y a su regreso por la noche, les cuenta durante la cena la enorme cantidad de carrozas que deben esperar horas y horas frente a las puertas del cementerio general.

"La mortandad ha sido grande," ha comentado nuevamente, y esa frase la recordará Rogelio para toda la vida, repitiéndose en futuras ocasiones en ese viejo Santiago, debido a otras epidemias de influenza, terremotos, inundaciones, masacres, y golpes de estado.

Finalmente la primavera

Por fin ha llegado el mes de agosto, el cielo está casi siempre despejado, y el viento del sur trae el olor de las flores del aromo y los naranjos. Algunos multicolores volantines surcando los cielos, indican a Rogelio que las cosas estarán mejor. El mes de julio ha sido inusualmente lluvioso y debido a la epidemia, el gobierno ha dado todos los días perdidos en las escuelas como extendidas vacaciones de invierno.

Finalmente ha podido jugar con su hermana que debe guardar cama, y aunque están tristes triste por la muerte intempestiva del pollo; se siente contento porque el sábado siguiente es el examen de catecismo, y se ha preparado cuidadosamente durante el funesto paso de la grave epidemia memorizando las letanías a la virgen, el difícil Credo, y el Yo pecador, que incluye tres golpes en el pecho.

Se siente con más energía, y por la tarde juega con su amigo Alejandro a los soldaditos, diminutas réplicas de multicolores guerreros de plomo enfrascados en fieras batallas.

Un estratégico ataque con los cañones, dio finalmente el triunfo a los buenos con guerreras azules y pantalones rojos. La caballería enemiga ha huido y su infantería intenta mantener posiciones, pero los cañones les cortan la retirada. Ha sido una victoria total que termina con una parada de los combatientes, mientras en la radio, aún continúan las notas marciales de Adiós al Séptimo de Línea, la marcha Erika, y los siniestros sones de los Nibelungos.

Aprovechando el tiempo libre ha organizado sus libros, y desea releer la triste historia del perro que se transforma en lobo en las estepas de Alaska, aunque los capítulos de Corazón, le atraen por las noches que comienzan de nuevo a animarse con las voces de los vendedores de mote mei calientito y las castañas cocidas.

Finalmente, en una inolvidable tarde de agosto y cuando el sol poniente adornó con colores rojos unas nubes viajando veloces hacia el Norte; escuchó nuevamente el programa radial "El club del tío Alejandro," y coreando una canción de su agrado interpretada por Gloria Benavides; preparó el bolsón, sus libros, y cuadernos, se sintió feliz, y presintió su pronto regreso a la escuela donde se reencontraría con sus amigos.

Su mamá trabaja y trabaja zurciendo medias en la mesita de madera, mientras escucha "Romances al Atardecer" con María Llopar y Alfredo Mendoza. Así se duerme contento escuchando los tangos de "Tiempos Viejos" donde la voz de Charlo entona la melancólica canción "Rumbo a Siberia."

Primavera y volantines

El reencuentro con sus amigos estuvo empañado por la cinta negra de luto cocida en la solapa del abrigo de Godoy. Su hermana ha muerto durante la pandemia y ninguno se atreve a acercársele. Cabizbajo copia las sumas y restas escritas por el negro Morales en el pizarrón.

Cuando llega la hora del primer recreo, Chávez ha llamado a reunión y todos se encaminan al lugar acostumbrado, enterándose de la muerte de un estudiante del cuarto C, y la ausencia del guatón Hernández quien anima las clases con sus ocurrencias y las noticias del liceo grande.

Después del segundo recreo, Don Agustín anuncia que lamentablemente y debido a la epidemia, la mamá del presidente de curso ha fallecido, y todos se miran con gestos de incredulidad.

"Hernández se ha trasladado a Concón a vivir por ahora con una tía, y no creo que regrese este año al liceo," dice Don Agustín quien para animar el fúnebre ambiente, ha sacado su violín y les hace escuchar una canción de tonos alegres dedicada a la primavera.

Todas miran al negro Morales que está silencioso en su asiento, y Valladares ha dicho después que le había visto llorar. Con el guatón eran muy amigos.

En el recreo, Chávez les pide que estrechen la mano de Godoy, y juntos comparten como siempre los emparedados, los membrillos y las naranjas. El líder ha sacado de su bolsillo un trompo y así, jugando, se olvidan de ese invierno.

En algunas semanas todo vuelve a la normalidad con los excitantes torneos de rayuela, el juego de las bolitas y la Troya, el caballito de bronce, y otros pasatiempos de invierno.

Aunque aún hace frío, el tema preferido de conversación de Los Halcones son los volantines, y allí cada uno a su turno, cuenta los pormenores de esos combates aéreos y las cualidades del hilo curado. Uno de los expertos parece ser Nóbile, el mejor estudiantes de la clase, pero también un experto constructor de estos frágiles seres construidos con varillas de madera de coligue, y papel de seda.

Rogelio aprende mucho de las explicaciones de este muchacho metódico, experto en aritmética, y dueño de una prodigiosa memoria y caligrafía. Su membresía con los Halcones es especial porque no participa en los combates con los grandullones, pero comparte el cocaví y sus conocimientos con los integrantes del grupo.

En esas reuniones, Rogelio se entera de una técnica más efectiva para colocar los tirantes al volantín que le permitirán dar mejor las picadas en las escaramuzas aéreas de su barrio. Nóbile también les regala fórmulas para curar mejor el hilo, y a grandes rasgos les menciona el secreto de una técnica que utiliza el polvo de metal de cañerías.

"Lo único malo es que no puede usarse cerca de los cables eléctricos porque se pueden electrocutar," ha dicho con autoridad.

Por su parte, Rogelio les informa como en las elevadas montañas del Tíbet, los monjes de los monasterios situados en la base del monte Everett elevan también unos volantines gigantescos semejantes a una caja construida con cañas de bambú y maderas livianas. Dentro de ella va un monje que guía sus movimientos, mientras que otros desde el suelo le sostienen con gruesos cordones.

"Hay ocasiones en que el volantín gigante se descontrola y los monjes mueren, pero han tenido la oportunidad de volar," remata en sus narraciones que los otros escuchan con cierto escepticismo.

"A mi me gustaría ir en el volantín," ha dicho Chávez y todos lo creen, debido a su carácter aventurero. Nobile escucha con curiosidad estas increíbles historias, y al final del recreo ha llamado a Rogelio aparte, preguntándole más detalles.

"Es un libro que se llama El Tercer Ojo y si quieres te lo presto," ha respondido Rogelio, alegre de estimular la atención y curiosidad del joven sabio que como él, leen constantemente libros, revistas, periódicos y todo lo que tenga letras.

A partir de entonces, ambos mantendrán conversaciones separadas acerca de lecturas más avanzadas, incluidas los libros de "Papelucho" que Nobile le presta en este sistema de intercambio y discusiones intelectuales.

Rogelio ya tiene una pequeña biblioteca que incluye "Un Buen Diablillo," de la Condesa de Segour, "Corazón," de Edmundo de Amicis, "El llamado de la Selva" de Jack London, y la colección completa de Barrabases, incluidos números sueltos de la revista Ecrán que trae cuentos para gente más grande.

Tiempo de Exámenes

Han pasado los meses y llega diciembre, el tiempo de los exámenes finales, siempre rodeados de formalidad académica y cuidadosa solemnidad. El repaso de las tablas de multiplicar, las prácticas de sumas y restas, las multiplicaciones y divisiones con decimales, los números quebrados, los cálculos de geometría, capítulos de historia universal y geografía; serán los únicos temas de conversación durante varias semanas en las que los Halcones ya no se reunirán tan frecuentemente.

Rogelio nunca recordará las preguntas de esas temibles pruebas, pero no olvida la figura del negro Morales escribiéndolas en el pizarrón con letra clara, la última copia final con la pluma de palo y siguiendo el método Oteiza, unas composiciones acerca de temas de historia, y la clasificación de las hojas y los árboles de Chile, además del nombre de todas las provincias que había memorizado con la ayuda de su madre.

"Tienes que mejorar la letra," le ha dicho el papá no muy contento con los rasgos inseguros de las "b" y las "g." Todavía su pluma arruina las copias con manchas inesperadas de tinta, y sus "eles" y "emes" no tienen la elegancia de las letras de Nóbile y Valladares.

Sin embargo un sábado por la tarde y en plena época de exámenes; recibieron con su hermana un regalo que les impresionó, y fue un respiro para esos días de tensión y nerviosismo.

Todo ocurrió en una de las visitas de la señorita Mercedes, amiga de su mamá quien siempre les sorprendía con libros y juguetes importados.

Era su primer bolígrafo y una lapicera con un estanque transparente para la tinta. Para agradecer el obsequio, su papá le pidió que le leyera un cuento y una poesía del libro de lectura, impresionando a unas de sus hadas madrinas, que al igual que su prima Maruca y la señorita Rosario; premiaban y reconocían sus adelantos académicos.

Con el paso de los años y después de su repentina desaparición ocurrida cuando viajaba hacia Carahue su tierra natal; se enteraría que Merceditas no sabía leer ni escribir, sin embargo su sonrisa de aprobación y dulzura quedaron registradas en su memoria.

Pasados los exámenes, un día cualquiera en que el calor reemplazaba aquellos tristes meses de invierno; don Agustín anunció los tres primeros puestos del curso. El primero por supuesto, fue para Nóbile, Morales obtuvo el segundo, y el tercero fue para Valladares, miembro honorario de los Halcones. La mayoría había aprobado y los certificados se entregarían en la última reunión de apoderados en la semana previa a Navidades. Dos de los estudiantes "grandes" y enemigos acérrimos de los Halcones, debieron ir a la inspectoría y al parecer recibieron malas noticias.

El último día de clases fue caluroso, y los abrigos/sotanas, los guantes y sombreros eran solamente un recuerdo, aunque la mayoría todavía usaba chaquetas y corbatas formales. Ese día viernes, según recordaría Rogelio, los Halcones se fueron al mediodía hasta la esquina de Patronato con Recoleta y allí se separaron dándose la mano, gesto inusual en el mundo de los enanos.

Con Jorge caminaron hasta Mapocho comiendo pan amasado, mientras esperaban el bus número 21 El Salto-Portugal. En el paradero recibieron el saludo final de Chávez que les envió efusivas señas de despedida desde una micro en dirección hacia el sur de Santiago; y que desapareció en una esquina de Mapocho entre liebres, taxis, carretelas, y los infaltables triciclos y carretones de mano cargados de sandias, choclos y verduras.

Su amigo está enojado porque piensa haber merecido uno de los mejores puestos en el curso, y Rogelio le escucha en silencio y con paciencia, pensando que eso ya no tiene mucha importancia. Habían pasado a sexto año, y el quinto, era parte de una historia que quedaría guardada en la nebulosa del cuarto de atrás, allí donde descansa impasible la memoria.

Lunes 3 de marzo de 1958

Rogelio recordará que la amistad entre los Halcones continuaría en el sexto año de preparatorias, pero hubo algunas novedades y cambios importantes. Repentinamente los ridículos pantalones cortos con suspensores desaparecieron, y ese año todos llegan a la escuela con unos largos con bastilla, o blue jeans de marcas grabadas en un trozo de cuero con las palabras "Arizona," o "Nebraska." "Son americanos," diría una vez Chávez, experto en ropa importada a través del puerto de Arica.

Aún así, se exigía el uso de corbatas y chaquetas, aunque se les informó a los apoderados que en el segundo año de humanidades todos los estudiantes usarían el uniforme de chaqueta azul piedra y pantalón marengo.

Las peleas con los "grandes" han cesado, y por ahora pareciera haber una tregua prolongada, seguramente provocada por la madurez de los integrantes de la pandilla, y el alejamiento de alguno de los estudiantes abusadores, trasladados por sus padres a otros colegios donde quizás repetirían nuevamente el curso.

Poco a poco las conversaciones del grupo se van refiriendo a temas que van más allá del liceo. Chávez y Rogelio anuncian el nacimiento de sus hermanos, y a veces los diálogos versan acerca del comportamiento impredecible de infantes que lloran por las noches obligándolos a ellos, ahora los mayores, a pasearles o a vigilarlos cuando sus padres no están.

En una noche del caluroso mes de enero, la familia y los vecinos de Rogelio observaron al primer satélite artificial Sputnik cruzando el espacio desde el sur hacia el norte. Fue una insignificante lucecita que provocó comentarios de preocupación porque de acuerdo a Don Custodio, se estaba invadiendo el cielo y eso provocaría el fin del mundo.

"Esto cosa del diablo y de los comunistas," le había contado a la comadre Rosa.

Los anuncios de ensayos nucleares en la atmósfera por parte de la Unión Soviética, los Estados Unidos, e Inglaterra, también llegaban a los oídos de los niños como temidos eventos aún incomprensibles, surgiendo de las conversaciones de las vecinas, y repetidas en el liceo por los estudiantes que sin saberlo; crecían en el funesto periodo de la guerra fría, pleno de amenazas bélicas internacionales, y un creciente sentido de inseguridad existencial provocado por la posibilidad de una tercera guerra nuclear, de otro diluvio, o de un tremendo terremoto.

También se hablaba de unas guerrillas en Cuba para derrocar a un señor de apellido Batista, y de las próximas elecciones presidenciales en Chile que reemplazarían al general Carlos Ibáñez del Campo a quien su padre calificaba simplemente como "el viejo cochino."

Son meses atiborrados de discursos radiales de los candidatos, de pancartas en las avenidas, rayados murales nocturnos, y afiches en las calles con nombres que de tanto repetirse se quedaron en la memoria de Rogelio y de sus compañeros. Salvador Allende, el cura de Catapilco, Luis Bossay, Eduardo Frei Montalva, y un señor de apellido Alessandri, apodado el "Paleta."

En el anexo del liceo, el profesor de sexto año no es el recordado don Agustín; sino el profesor Rodríguez, un maestro joven y corpulento cuya delicada voz no corresponde a una complexión tempranamente obesa.

La clase del sexto "B" ocupa la misma sala del año pasado; y todo parece una copia exacta del año 1957, aunque ya les han advertido acerca de exámenes finales muy difíciles, requisito ineludible para ser promovidos al primero de humanidades, y así trasladarse al anexo de Recoleta 730 donde el inspector general será el señor Riesco.

"Jóvenes, prepárense. En vez de uno, tendrán siete profesores y habrá muchas exigencias," les ha dicho el señor Rodríguez, aconsejándoles repasar las cuatro operaciones con decimales que Rogelio detesta, cuidar de la ortografía, y aprenderse de memoria el nombre de todos los ríos y lagos de Chile.

"Allá van a aprender hasta inglés," les dijo.

Muchas veces Rogelio se preguntó el porque de la escasez de recuerdos en ese año 1958. ¿Sería que la traumática epidemia de influenza, y la lucha por adaptarse a una nueva escuela con otros compañeros y un nuevo maestro grabaron con más fuerza en su memoria el año 1957?

De todos modos en 1958, se integró al grupo de Boys Scouts de su barrio con la esperanza de ser parte de la banda y tocar el tambor, pudo usar un raído uniforme verde, y exploró formando parte de la patrulla los Castores, el sector del "Agua del Palo," cerca del cerro Manquehue.

Sin embargo, siempre recordaría la tarde de ese cuatro de septiembre de 1958, día de elecciones presidenciales en Chile; regresando de un mandado encargado por su mamá, cuando repentinamente comenzó un temblor que hizo remecerse las paredes. Lagrimeando corrió a su casa, sintiendo bajo sus pies el ruido subterráneo del sismo que más tarde los vecinos definirían como la justa reacción de la poetiza Gabriel Mistral al triunfo del candidato de derechas, Jorge Alessandri Rodríguez.

Para él todo eso era incomprensible y la radio informó que el sismo había sido de grado cuatro y su epicentro fue en el sector de las Melosas, hacia el Cajón del Maipo, entrando a la cordillera.

En su casa le esperaba en la puerta su padre con su hermano menor en brazos que al verle lagrimear le dijo "¡los hombres no lloran mierda!" A partir de esa tarde nefasta, no lloró frente a otros, sino que hasta muchos años más tarde. ¿Dónde se quedaron todas esas reprimidas lágrimas? ¿En el cuarto de atrás?

El comienzo de uno de los exámenes finales de sexto año de preparatorias, fue otro episodio inolvidable. Los estudiantes fueron supervisados por el profesor Raúl Espejo, un bondadoso caballero que les enseñó por primera vez ejercicios respiratorios para aliviar la tensión.

"Jóvenes, levántense, dejen caer los brazos a sus costados, e inspiren profundamente por la nariz, quédense unos segundos con el aire en los pulmones, y después lo van exhalando poco a poco por la boca," les dijo con una perfecta dicción propia de un profesor de castellano que enseñaba en el liceo grande del numero 523 de la avenida Recoleta.

Desde ese momento, la memoria de Rogelio parece adormecerse, y los acontecimientos desaparecen después de esas escenas de fin de año. El nacimiento de su hermano fue una noticia muy importante en la familia, y los trabajos de construcción de la nueva casa continuaron incesantemente todos los fines de semana, pero hasta hoy, no hay más imágenes nítidas de un pasado ya quizás definitivamente perdido.

Epílogo

Rogelio logró pasar los exámenes de sexto grado, y se convirtió en uno de los cientos de estudiantes del anexo al Valentín Letelier, denominado simplemente como "el 730." Era otra casona antigua localizada cerca de la egregia arquitectura de la Academia de Humanidades, coronada por su llamativo observatorio astronómico.

Este edificio anexo no era muy distinto al antiguo. Tenía varios zaguanes, polvorientas salas de clases, puertas mamparas, enormes mapas de Chile, algún esqueleto para estudiar biología; y en el fondo, cerca del patio de los recreos; un segundo piso donde se acomodaban los cursos de primero humanidades "A", "B," "C," y "D."

Los estudiantes recordarían como el pasillo exterior de ese segundo piso vibraba peligrosamente con el paso simultáneo de los 160 estudiantes. Al caminar por ese pasillo externo, pensaba en los posibles terremotos, pero con el tiempo que al parecer todo lo cura, se acostumbró a esos inquietantes estremecimientos.

En ese primer año, Rogelio y los Halcones debieron acomodarse a los distintos estilos y personalidades de sus nuevos maestros; al intenso ritmo de estudios, pleno de agobiantes asignaciones, y las extensas materias que tenían que memorizar.

A los cursos clásicos de matemáticas, biología, historia, y castellano; se agregaron los de música, gimnasia, trabajos manuales, inglés, y para los que así lo desearan; el ramo de religión cuyo profesor era un sacerdote de sotana negra, obsesionado con los secretos de Fátima y el próximo e inminente fin del mundo.

La clase de música fue una variedad de profesores sustitutos, entre ellos un señor alto de voz gruesa llamado Valentín Trujillo, aunque después hubo otros que iniciaban sus clases dibujando el clásico y repetido pentagrama, las notas musicales, y los misterios de los tresillos, sostenidos y bemoles.

Los pantalones cortos desaparecieron para siempre, y la férrea amistad entre los Halcones sufrió un tanto debido al traslado de Chávez a una escuela en Arica. Allí su padre se desempeñaba como prefecto de investigaciones en la aduana, pero según le contó a Godoy, era probable que regresara a Santiago después de algunos años.

En un memorable día de mayo de 1958, la familia de Rogelio se trasladó a la casa nueva hecha de ladrillos, con un techo más seguro, pisos y cielo raso de madera, además de sólidas puertas y ventanas. En el recuerdo quedarían las funestas noches del viento huracanado proveniente del norte haciendo crujir la vivienda provisoria, aunque el frio cordillerano continuaría acompañándolos en esos lluviosos inviernos.

En las conversaciones de los estudiante se escuchan ahora con frecuencia los nombres de Elvis Presley, los mambos de Pérez Prado, y temas como el submarino nuclear Nautilus que podía estar meses bajo el mar, la balada de David Crockett, el nombre de un señor de apellido Khruschev, el de Pio XII, el macabro caso policial de los esqueletos de la calle Dardignac 81, la historia policial de Carlos Boassi Valdebenito apodado "el colérico Carloto," y los omnipresentes temores a un ataque de la Unión de Repúblicas Soviéticas con bombas atómicas y de hidrógeno mencionadas profusamente en la radio por el Reporter Esso.

Rogelio continuó escribiendo composiciones y dibujando, tuvo serios problemas aprendiendo el idioma inglés, y el maestro de matemáticas le aterrorizaba. Pasó raspando a segundo humanidades con "dos exámenes para marzo," formó parte de otra pandillita en su barrio, y también se preparaba, paradojalmente, para recibir el "sagrado" sacramento de la confirmación en la parroquia de su barrio.

Uno de sus amigos comentaría años mas tarde, "no sé cómo ese gallo se acordaba de tantas leseras y más encima se tomaba el tiempo para anotarlas y dibujarlas."

Yo tampoco lo sé, pero sus apuntes animaron mis propios recuerdos, y rellenaron esa historia incompleta con nuevas imágenes de reminiscencias del año 1957 que yo había olvidado.

Es que la memoria es un don individual, pero definitivamente colectivo.

Francisco Manuel Figueroa López
Angol, 21 de agosto del 2001

Acerca de los autores

Rigoberto Brito Chávez nació el 8 de marzo 1924 en el pueblo de Los Sauces, Provincia de Malleco, región de la Araucanía; y a corta edad, durante la depresión que afectó a Chile en los años 30, emigra a Santiago con sus padres Juan Brito Figueroa, y Juana Chávez Gatica; y sus hermanos Guillermo, Gerardo, Ester y Solanda. En la década de los años 60, descubre la poesía durante sus estudios de educación superior que llevó a cabo en el Instituto de Educación de Adultos que auspiciaba la Federación de Estudiantes de la Universidad Chile. Allí, la maestra de castellano, descubrió su talento e interés literario; y le inspiró a escribir poesías, oficio que no ha abandonado. Sus poemas traen vestigios de su tierra natal, su infancia, el amor, y otras experiencias vividas a través de sus noventa años. Sus textos han sido publicados en periódicos y revistas de los Estados Unidos y de Puerto Rico, y leídos en programas de la Radio Chilena de Santiago.

Juan Daniel Brito Pereira nació en Santiago de Chile, pero vive en Connecticut desde el 8 de octubre de 1975. Es hijo de Rigoberto Brito Chávez y de Javiera Pereira Cancino. Cursó sus estudios secundarios en Santiago en el Liceo Valentín Letelier, y posteriormente se graduó de la Facultad de Ciencias Jurídicas y Sociales de la Universidad de Chile. Más tarde obtiene una maestría en Arte y Literatura española en la Universidad de Connecticut, y en 1995 logra su acreditación como maestro de español con especialidad en educación secundaria. Comenzó a escribir poesía a los catorce años, inspirado en los trabajos del profesor de castellano de su liceo, señor Urbina Verdugo, y Azorín. Ya en los Estados Unidos ha colaborado con la revista literaria "INTI," y fue el cofundador del "Taller Literario." En el 2011 publicó "Invocaciones a los Regresos," su primer libro de poemas y narraciones, a través de la editorial "Arte Sano" de Connecticut. Actualmente colabora en la sección de arte y cultura del semanario La Voz Hispana de ese estado de la Nueva Inglaterra.

Pablo Salgado Brito nació en Santiago de Chile y a temprana edad se interesó en la poesía. Hijo de José Salgado Caviéres y Javiera Brito Pereira, ganó a los ocho años un concurso literario auspiciado por la Ilustre Municipalidad de Recoleta. Le caracterizan una excepcional capacidad observadora, y cuidadosa preparación de sus textos. Pablo se graduó en el 2012 de educación superior en el liceo Rafael Sanhueza Lizardi, se prepara para continuar sus estudios universitarios en el 2014, y sus intereses son la cinematografía y la literatura. Algunos de sus poemas han sido publicados en la sección cultural de periódicos de Puerto Rico y Connecticut.

Félix Heredia Gatica nació en Lebu, Chile; pero reside con su familia en Suecia, país al que viajó en 1974 debido a las circunstancias políticas y sociales provocadas por el golpe de estado, y la posterior dictadura. En Estocolmo se ha relacionado con otros poetas latinoamericanos, y actualmente trabaja en un libro cuyo tema es el exilio. Algunos de sus poemas fueron traducidos al sueco, y otros publicados en revistas españolas. Le interesa la poesía de Gonzalo Rojas, la cinematografía, las artes visuales, y el diseño gráfico.

Generaciones

**Poemas y textos de Rigoberto Brito Chávez,
Juan Daniel Brito, Pablo Salgado Brito y
Aurelio Figueroa Cruz**

Editorial Arte Sano, Connecticut, USA
Trafford Publishers
jbritoeditor@aol.com